마음과 마음을 잇는 교사의 말공부

마음과 마음을 잇는
교사의 말공부

초판 1쇄 펴낸날 2019년 12월 23일
초판 10쇄 펴낸날 2022년 12월 21일

지은이 천경호
그린이 김차명
그림 도움 이주영 이현지 최희준
펴낸이 홍지연

편집 홍소연 고영완 전희선 조어진 서경민
디자인 전나리 박태연 박해연
마케팅 강점원 최은 신종연
경영지원 정상희 곽해림

펴낸곳 (주)우리학교
출판등록 제313-2009-26호(2009년 1월 5일)
주소 04029 서울시 마포구 동교로12안길 8
전화 02-6012-6094
팩스 02-6012-6092
홈페이지 www.woorischool.co.kr
이메일 woorischool@naver.com

ⓒ천경호, 2019
ISBN 979-11-90337-22-9 03370

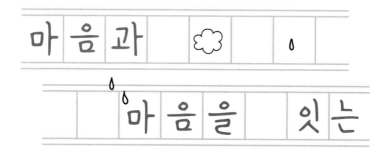

마음과 마음을 잇는

교사의 말공부

천경호 지음 · 김차명 그림

우리학교

결국, 교사의 태도에 관한 이야기

눈을 맞춘다.

귀 기울인다.

생각하고, 정리한다.

정리한 생각을 말로 표현한다.

스스로 문제를 인식하고 해결하도록 이끈다.

제가 옳다고 생각하는 생활지도의 방향입니다. 대화는 늘 질문으로 시작합니다. 아이의 상황을 모를 때가 많으니까요. 아이의 답이 궁금하기 때문이기도 하고요. 사실 대화하다 보면 결론은 언제나 뻔합니다. 친구와 사이좋게 지내기, 자기 할 일을 스스로 찾아 열심히 하기, 숙제는 미리미리 하기, 준비물을 미리 챙겨 두기, 지각하지 않기, 주변을 정리 정돈하기, 먼저 사과하기 같은 것들.

사소해 보이지만 어른에게도 어려운 일입니다. 하물며 아이들에게는 오죽할까요. 그래서 그들을 '미성년자'라고 부릅니다. 어른들도 알면서 실천하기 어려운 일, 아이들은 당연히 더 실천하기 어려울 테지요. 대화하면서 그 어려움을 읽으려고 노력합니다. 쉽게 포기하지 않도록 도우려고 합니다. 자기 앞에 놓인 벽을 하나하나 넘어서는 것이 바로 성숙해지는 길이니까요. 그래야 성숙한 민주 시민으로 자랄 테니까요.

우리가 나누는 대화는 바로 그 지점에서 필요합니다. 어렵다고 포기하려는 그 순간, "나도 너처럼 어렵고 힘들다고 생각해. 하지만 같이 넘어 보자."라고 다독이며 손을 잡아 주는 일. 수업 장면에서 이 같은 대화를 잘하는 분들을 종종 만납니다. 하지만 현실적으로 이런 대화는 어렵습니다. 수업과 생활지도보다 행정 업무에 먼저 지치기 시작하는 교사들이 대부분이니까요. 저역시 그랬고요.

아이들과 나눈 대화를 기록하고 공개하는 일은 상담 장면을 풀어낸 축어록을 보이는 일과 같습니다. 대단히 부끄럽고 용기가 필요한 일이지요. 질문과 반응 하나하나에 대한 지적을 감수

해야 하니까요. 당연한 이야기지만 모든 아이가 이 책에 담긴 장면처럼 반응하지는 않습니다. 또 긍정적으로 반응했다고 한들 금방 바뀌는 아이도 많지 않습니다. 고작 몇 번의 대화로 사람이 순식간에 변한다면, 그건 미신이고 잘못된 믿음이겠죠.

아이 스스로 문제를 인식하고 해결하도록 이끄는 것, 실천하기 힘들어하는 아이를 이해하는 것, 아이가 포기하고 싶어 하는 순간에 손을 잡아 주는 것. 결국, 교사의 '태도'에 관한 이야기를 하고 싶었습니다.

사십 대 중반이 되어서도 부족한 점이 많습니다. 면도를 매일 하지 않는다고 딸에게 야단맞고, 김치를 잘 안 먹는다고 아내에게 혼납니다. 무심결에 내뱉은 "이 자식이."라는 말에 아들은 왜 욕하냐며 타박합니다. 매일 일찍 교실에 들어서다가 하루라도 늦게 출근하면, 반 아이들은 선생님이 지각하면 되느냐고 난리입니다. 혼자 몰래 과자를 먹었다고 반 아이들에게 야단맞은 적도 있는 저는 이기적이고 부족한 교사입니다.

생각해 보면, 수업도 생활지도도 이기적이고 부족한 이들이 사람 대 사람으로 만나 나누는 대화의 연속이 아닐까 싶습니다.
저는 좋은 교사가 아닙니다. 다만 노력하는 교사가 되려고 합니다. 대화를 통해 아이들과 함께 자라는 교사가 되고 싶습니다.
아이들과 함께 노력하며 성장하는 교사가 되고자 합니다. 이 책을 읽는 분들이 저와 같은 생각으로 함께 길을 걸어 주신다면, 그것만으로 부끄러운 제 이야기를 꺼낸 의미가 충분하지 않을까 생각합니다.

함께 노력하는 교사가 되겠습니다. 고맙습니다.

천경호

⎍ 차 례

2. 〰️ 마음이 기울어진 너에게

3. 처음 세상 앞에 선 너에게

일러두기
1. 이 책에 등장하는 아이들의 이름은 모두 가명입니다.
2. 본문에서 초록색 글씨는 아이들의 말, 검은색 글씨는 교사의 말입니다.

1.

의미를 묻는
너에게

학교 오기 싫어요

왜 지각했어?

늦게 일어났어요.

피곤했구나.

네.

학교 오기 싫었던 사람?

저요!

저요~!

선생님도 놀고 싶다~

근데 학교에서 놀기만 하면 될까?

학교는 공부하는 곳이에요.

놀아요~!

처음 봐요~!

자, 이걸 볼래?

대추씨랑 커피씨야.

대추씨

커피씨

계단은 힘들어요

엘리베이터 타면 안 돼요?

계단으로 가면 어떨까?

왜요?

계단을 오르는 게 너를 위한 거니까. 그래서 선생님도
계단으로 가잖아.

힘들어요.

알아.

근데 왜 계단으로 가요?

이 정도 계단은 가뿐히 올라가는 사람이 되려고.

네?

엘리베이터를 타는 사람이 건강해질까? 계단을 오르내리는
사람이 건강해질까?

계단으로 다니는 사람이요.

이걸 모르는 사람이 있을까?

아뇨.

그래. 너 건강해지라고, 나도 건강해지려고, 이 정도 계단쯤은
가뿐히 걸어 올라가는 우리가 되자고 계단으로 가자는 거야.

책 읽기 싫어요

어제 책 읽은 사람?

……

아무 책이라도 괜찮아. 읽은 거 없니?

문제집이요.

웹툰이요.

히야, 그럼 문제집이랑 웹툰 말고 다른 걸 읽은 사람은 아무도
없네.

웹툰도 책이에요.

그럼 그럼. 문제집도 웹툰도 책이지. 근데 다른 책은 왜 안
읽을까?

재미없어서요.

그렇구나. 그럼 선생님도 싫겠다.

왜요?

재미없잖아.

에이, 그건 아닌데요.

그럼 어떤데?

처음에는 무서웠는데 지금은 재미있어요.

처음에 왜 무서웠어?

그냥 무섭게 생겨서요.

왜?

맨날 까만 옷 입고, 목소리도 무섭고, 키도 크잖아요.

무서운 목소리는 어떤 목소리야?

선생님 목소리요.

헐, 내 목소리가 무서운 목소리야?

네!

처음 알았다. 선생님이 재미있다는 건 어떻게 알았어?

맨날 보니까 재미있던데요.

첫인상과 달랐구나.

네.

책도 그래.

네?

처음에는 재미없을 것 같은데 자꾸 보면 재미있거든.

어떻게 알아요?

자꾸 보면 알게 되지. 그래서 인내심이 필요한 거야. 자, 한 가지 질문을 할게. 그렇다고 생각하면 손을 들어 봐. 나는 나쁜 사람이다?

…….

아무도 없네. 그럼 나는 좋은 사람이다?

저요.

저요.

저도요!

어떻게 알아?

딱 보면 알아요.

난 모르겠는데.

에이~, 아시잖아요.

딱 보면 모르겠는데, 지켜보니까 알겠더라. 너희가 좋은 사람이라는 거. 책도 그래. 딱 보고 재미없다고 말할 수 있을까?

아뇨. 좀 더 봐야 해요.

그래. 어떤 책은 제목만 봐도 읽고 싶은 게 있고, 어떤 책은 한참을 읽어야 재미있는 게 있어. 사람도 책도 관심을 가지고 오래 지켜봐야 좋은 사람인지, 좋은 책인지 알 수 있는 거야.

1분만 하면 안 돼요?

우리 일 년 동안 도전할 목표를 한 가지씩만 정해 보자.

어떤 목표요?

너희 하고 싶은 거.

하고 싶은 게 없는데요.

너희를 성장시키는 거.

그게 뭔데요?

너희를 힘들게 하는 거.

책이요.

운동이요.

공부요.

학원 가는 거요.

그중에서 혼자 할 수 있는 게 뭐가 있을까?

책 읽기요.

운동이요.

좋아. 그럼 책 읽기를 매일 한다면?

매일 해요?

응. 매일 한다면 얼마나 할 수 있을까?

1쪽이요?

야, 너무 적잖아.

그럼 10분 어때?

좋아요.

전 1분만 할래요.

그래. 1분만 해.

전 1쪽만 할래요.

그래, 좋아. 1쪽만 해.

선생님, 1쪽은 너무 적지 않아요?

괜찮아. 중요한 것은 매일 읽는 거니까. 운동은 뭘 할래?

걷기요.

줄넘기요.

자전거요.

축구 연습이요.

그래. 걷기나 자전거 타기는 몇 분이나 할래?

10분이요.

자전거는 15분 탈래요.

그래. 그럼 줄넘기는?

10번이요.

그래, 좋아. 축구 연습은?

30분이요.

너무 길지 않아?

맨날 한두 시간씩 하는데요?

10분으로 줄이면 좋을 것 같은데. 30분은 네가 너무
부담스러울 것 같아서.

싫어요.

알았어. 대신 너무 힘들면 10분으로 줄여도 돼.

네, 근데 선생님!

왜?

이거 검사는 누가 해요?

너희가 하지.

안 했는데 했다고 하면 어떻게 해요?

괜찮아.

네?

왜요?

하지도 않고 스티커를 붙이면 누구를 속이는 걸까?

선생님이요.

또?

자기 자신이요.

그럼 누가 가장 손해일까?

저희요.

**그렇지. 왜 너희에게 성장에 도움이 되는 목표를 정하게
했을까?**

저희가 잘 크라고요.

내가 노력해야 잘 클까? 너희가 스스로 노력해야 잘 클까?

저희가요.

스티커를 붙인다고 잘 자라는 게 아니라 너희가 정한 목표를 매일 실천해야 잘 자라는 거니까. 난 너희가 자신을 믿을 수 있는 사람으로 성장하기를 바라. 할 수 있지?

아이들에게도 의미가 중요하다

"이거 왜 해요?"

학년이 올라갈수록 아이들이 자주 던지는 질문이다. 아이들
만 물을까? 교사들도 묻는다. 이걸 왜 해요? 의미 없는 말, 의미
없는 행동은 지속하기 어렵다. 인간은 끊임없이 자기 말과 행동
의 의미를 찾기 때문이다. 어느 날 갑자기 공부하기가 싫어졌다
는 아이의 말은, 그래서 의미심장하다.

내가 하는 행위에 높은 수준의 의미가 있다고 여기며, 그 의
미를 상기하고 행동으로 옮길 때는 그 일이 어렵고 힘들어도 스
트레스를 덜 받는다. 반면 행위의 의미가 낮은 수준(타율, 강요, 지
시에 따르거나 효과를 검증하기 어려운 행위 등)이라고 여길 때는 큰
스트레스를 경험하기 마련이다. 의미가 곧 나의 정체성과 연결
되기 때문이다. 높은 수준의 자아 정체성과 자아 존중감이 낮은
수준의 의미와 연결되면, 이 둘은 불일치하게 되고 개인이 하는

행위의 동기가 사라진다.

왜 해야 하는지 이해하고 원해서 행동하는 아이와 까닭도 모른 채 시켜서 하는 아이는 내적 동기에 큰 차이가 있고, 이는 행위의 지속성에 영향을 미친다. 매일 '글똥누기[1]'를 하고, '행복한 등굣길[2]'과 '행복한 하굣길[3]' 인사를 나누고, 급훈을 되새기고, 시를 외우는 이유는 전부 '의미'와 상관있다. 타인의 관점에서 우리 일상이 얼마나 의미와 가치가 있는 일인지 돌아볼 기회를 주기 때문이다.

아이들이 의미를 이해하고 일상의 사소하지만 중요한 일들의 가치를 자기 것으로 만들도록 가르치고 싶다. 그것이 훗날 교사인 나를 떠나서 스스로 삶의 의미를 찾아 살아갈 힘을 얻게 할 것이라고 믿는다.

• • • • •

1 글똥누기: 매일 훌륭한 사람들이 남긴 문장을 읽고, 자기 생각을 세 줄 이상 쓰는 활동

2 행복한 등굣길: 조회 시간마다 "나는 모든 친구를 사랑하겠습니다. 나는 모든 일에 노력의 1등이 되겠습니다. 나는 소리 내 웃겠습니다. 하하하."라고 함께 외치며 나누는 인사

3 행복한 하굣길: 종례 시간마다 "나는 가장 건강해지겠습니다. 나는 부모님을 행복하게 만들겠습니다. 나는 소리 내 웃겠습니다. 하하하."라고 함께 외치며 나누는 인사

ㅂㅅ
하면 떠오르는 말

쌤! 시를 왜 외워요?
재미없어요.

ㅂㅅ! 어떤 말이 떠오르니?!

ㅋㅋㅋ

ㅋ

버섯이요.

병X이요.   복수요.

병X이요!

부산이요.   병X이요.   병X이요!

그렇게 웃기니?
그럼 ㅅㅂㄴ은?

ㅋㅋㅋ
        ㅋㅋㅋ
ㅋㅋㅋ

시X놈이요!

그렇구나.
선생님은 신부님
생각이 났는데.

에이~ 거짓말!

ㅅㅂㄴ 하면 생각나는
다른 낱말이 없었니?

있었어요

그런데 왜
욕이 먼저
생각났을까?

그래. 자주 쓰니까
입에 붙어서 그래.

많이 써서요!
맨날 써서요!

시

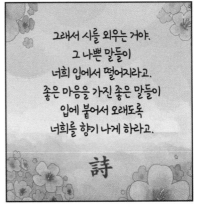

그래서 시를 외우는 거야.
그 나쁜 말들이
너희 입에서 떨어지라고.
좋은 마음을 가진 좋은 말들이
입에 붙어서 오래도록
너희를 향기 나게 하라고.

詩

그게 아니야... 얘들아.

나 시 다 외웠어!
내 입 냄새 맡아 봐!

ㅋㅋㅋ

입 냄새 나.

내 입에서
꽃향기 나?

왜 교과가 있어요?

선생님.

왜?

수학 안 하면 안 돼요?

응, 안 돼.

왜요?

다른 거 뭐 하고 싶은데?

체육이요.

또?

미술이요.

사회는?

싫어요.

과학은?

더 싫어요.

영어는?

완전 싫어요.

자, 칠판에 쓴 글씨를 따라서 읽어 보자.

자세히 보아야 보인다. 오래 보아야 패턴이 보인다. 모든 과목이 그렇다.

창밖을 봐. 뭐가 보이니?

하늘이요.

산이요.

버스요.

그래? 선생님은 다른 게 보이는데…….

뭐가요?

도덕, 국어, 수학, 사회, 과학, 영어, 체육, 음악, 미술이 보여.

네?

저 창밖에 많은 사람이 살잖아.

네.

전부 사이좋게 살고 있을까? 다투며 살고 있을까?

사이좋게 살기도 하고, 다투기도 하겠죠.

그때마다 뭐가 필요할까?

음, 도덕이요.

왜?

도덕은 사람답게 사는 법을 배우는 거라고 하셨잖아요.

그렇지. 서로 다툴 때 문제를 해결하려면 또 무엇을 배워야
할까?

글쎄요.

너희가 매일 하는 거 있잖아.

뭐요?

말다툼. 그때 뭐가 필요할까?

아! 국어요.

그렇지. 음식을 만들거나 집을 짓거나 일할 때 또는 물건을
사고팔 때는 무엇이 필요하지?

수학이요.

그래. 근데 집을 잘못 지어서 무너지거나 차를 잘못 만들어서
사고가 나기도 하지. 무엇의 발달과 관련 있을까?

과학이요.

그렇지. 그럼 우리나라는 왕이 다스리는 나라일까? 국민이
스스로 다스리는 나라일까?

국민 스스로 다스리는 나라요.

우리나라는 독재국가야? 민주주의국가야?

민주주의국가요.

처음부터 민주주의국가였어?

아뇨.

옛날에는 사람의 계급을 나누는 제도가 있었지. 뭘까?

신분제도요.

그렇다면 지금이 좋을까, 옛날이 좋을까?

지금이요.

왜?

차별이 없잖아요.

무슨 차별?

신분 차별이요.

그래. 사람들이 다시 옛날로 돌아가고 싶어 할까?

아뇨.

왜?

차별받기 싫어서요.

우리가 어떻게 알았지?

뭘요?

옛사람들이 차별받았다는 거.

역사 때문에요.

그래, 기록이 있으니까. 그걸 보고, 배우고, 생각하면서 무엇이 사람을 위한 일인지 찾아 온 셈이지.

그럼 영어는 왜 필요해요?

이 세상에 한글로 된 지식이 많을까? 영어로 된 지식이 많을까?

영어?

그래. 지금 우리가 아는 것보다 모르는 것이 훨씬 많다는 거야.

꼭 알아야 해요?

잠깐 블라인드 좀 내려 볼래? 어때, 창밖이 보이니?

아뇨.

블라인드를 내리니까 밖을 볼 수 없지?

네.

영어를 모르면 영어로 쓰인 지식을 알 수 있을까?

아뇨.

블라인드를 내리면 창밖의 세상을 볼 수 없듯이, 영어를
모르면 영어로 쓰인 또 다른 세상을 전혀 볼 수 없겠지. 나는
너희가 저 창밖의 세상을 보고 세상 사람들과 함께 살아갔으면
좋겠어. 이제 왜 이렇게 과목이 많은지 알겠니?

글쎄요.

도덕이 없다면 도덕으로 사람들을 이해할 수 있을까?

아뇨.

국어가 없다면 국어로 더 잘 말하고, 듣고, 읽고, 쓸 수 있을까?

아뇨.

수학이 없다면 이렇게 많은 사람이 한곳에 어울려 살아갈 수
있을까?

아뇨.

그래. 우리가 이렇게 많은 과목을 배우는 이유는 세상을
도덕으로도 보고, 국어로도 보고, 수학으로도 보기 위해서야.
한 가지로만 세상을 보는 사람과 이야기하면 대화가 잘될까?

안 될 것 같아요.

너희가 다양한 입장에서 세상을 바라보고, 사람들을 이해해야
성숙해질 수 있다고 과목을 만든 사람들은 생각한 거야. 이제
왜 여러 과목을 공부하는지 조금은 이해할 수 있겠지?

잘 듣고 잘 말하려면

동생 있는 사람?

저요.

동생이 몇 살이야?

일곱 살이요.

유치원에 다니겠네.

네.

동생이랑 사이가 좋아?

아뇨.

왜?

마음대로만 해요. 저 혼자 잘못해 놓고 맨날 저한테 화내요.

그럴 때 너는 어떻게 해?

저도 화내요.

화만 내?

네.

진짜?

…… 가끔 때리기도 해요.

말을 안 들으면 때리기도 하는구나.

네.

말을 안 들으면 때려도 되는 거야?

아뇨.

그럼 어떻게 해야 해?

말을 잘 듣도록 말해야 해요.

그래. 그래서 국어를 배우는 거야.

네?

엄마나 아빠한테 혼난 적 있는 사람?

저요.

저요!

저요.

그럼 한 번도 안 혼난 사람?

…….

없네. 하긴 선생님도 어릴 때 많이 혼났는데.

왜요?

말을 안 들어서.

선생님도 부모님 말씀 안 들었어요?

부모님이 늘 옳은 말씀을 하시는 건 아니니까.

언제요?

선생님이 믿는 종교를 반대하시거나 가고자 하는 대학을
반대하셨을 때.

선생님 화나셨겠네요.

왜?

부모님이 선생님 생각을 존중하지 않았잖아요.

그랬지.

화내셨어요?

아니.

어떻게 하셨어요?

더 좋은 사람이 되려고 노력했어. 그래야 한다고 배웠거든.

왜요?

내 선택이 틀리지 않았다는 것을 보여 주고 싶었거든. 너희는
왜 혼났어?

숙제 안 해서요.

방을 안 치워서요.

늦게 일어나서요.

그럼 화나지는 않았겠네?

아뇨. 화났어요.

왜?

왜 숙제를 못 했는지 말하려고 했는데 말할 기회를 안
주잖아요.

그래서 서운했구나.

네.

그럼 나중에라도 말했어?

아뇨.

왜?

잊어버려서요.

누가?

저요.

지금 기억하잖아.

그렇네요.

부모님이 네 이야기를 잘 들어 주셨다면 어땠을까?

화가 풀렸을 것 같아요.

그래. 그래서 국어를 배우는 거야.

네?

잘 듣고 잘 말하려고. 네 생각이나 감정을 잘 말하고, 남의 생각이나 감정을 잘 들어 주려고 국어를 배우는 거지.

수학이 없다면 학교 오는 게 신날 텐데

극혐이야.

뭐가?

수학이요.

수학이 싫어?

선생님은 수학이 좋아요?

아니. 좋아하지는 않아.

수학이 없어졌으면 좋겠어요. 엄마가 그러는데요, 수학은
계산만 할 줄 알면 된대요.

진짜? 아닌데…….

돈 계산만 할 줄 알면 된대요.

수학을 배우지 않으면 어떻게 될까?

학교 오는 게 신날 것 같아요!

너희는 수학 없이 살 수 없는데?

왜요?

오늘 바깥 공기가 어때?

나빠요.

미세먼지에도 종류가 있지?

네.

어떤 게 있어?

미세먼지와 초미세먼지요.

무엇으로 구분할까?

크기요.

그렇지. 미세먼지가 심한지 안 심한지는 어떻게 알지?

글쎄요.

지금 자치실과 교실 중에서 어디에 사람이 많아?

교실이요.

자치실에는 사람이 없잖아요.

그래. 그럼 미세먼지가 심한지 안 심한지는 공간을 차지하는
무엇의 수에 따라 달라지겠어?

미세먼지요.

이걸 알려면 무엇을 알아야 해?

수학이요.

블랙홀 사진을 본 적 있니?

네.

수학이 없으면 블랙홀 사진을 찍을 수 있었을까?

아뇨.

근데 저희는 과학자가 아니잖아요.

만약 학교에서 수학을 가르치지 않으면 우리가 수학을 배울 수
있을까?

아뇨. 배우고 싶은 사람만 배우면 되죠.

수학이 있는 줄도 모르는데 배우고 싶은 마음이 들어?

네?

이름도 모르는 과자가 먹고 싶을까?

아뇨.

수학이라는 과목이 없는데 수학을 배우고 싶을까?

아뇨.

그렇지만 형이 그러는데요, 고등학교 수학은 사회에서 쓰지도 않는데 왜 배우는지 모르겠대요.

수학은 계단이야.

네?

백록담 알아?

네.

어디에 있어?

한라산이요.

가 본 사람?

저요.

저요.

두 명이네. 그럼 한라산에서 제주도를 내려다본 사람은 몇 명이야?

두 명이요.

어떤 사람이 더 멀리 볼까?

꼭대기에 올라간 사람이요.

초등학교, 중학교, 고등학교 수학은 전부 계단이야. 한라산에 한달음에 올라갈 수 있어?

아뇨.

천천히 한 걸음씩 올라가다 보면 정상에 오를 수 있겠지?

네.

정상에 오르면 수학으로 할 수 있는 일이 얼마나 많은지 알게 되거든. 이 세상에 직업이 몇 가지나 있는지 아니?

아뇨.

십만 개가 넘는대.

우아~! 진짜요?

그럼. 그중에 수학을 몰라도 할 수 있는 일은 몇 가지나 될까?

몰라요.

많을까, 적을까?

적겠죠.

버스에 탈 때 표 검사하는 사람을 본 적 있니?

아뇨, 없어요.

요즘 마트에 무인 계산기 있는 거 알지?

네.

사람이 필요해?

아뇨.

그래. 앞으로 돈 계산은 컴퓨터나 로봇이 하게 될 거야. 그럼 돈 계산만 할 줄 알면 살 수 있을까?

아뇨.

너희는 자신이 무엇을 잘하는지, 좋아하는지 알아?

아뇨.

십만 개나 되는 직업 중에 너희에게 어울리는 직업이 무엇인지 알아?

아뇨.

선생님은 너희가 백록담에 올라가서 수학으로 할 수 있는 일이 얼마나 많은지 볼 수 있었으면 좋겠어. 그래서 블랙홀같이 사람들이 궁금해하는 것들도 찾아내고, 우주선을 타고 마음껏 우주여행도 하고, 우리가 사는 세상에 꼭 필요한 과학기술을 만들었으면 좋겠어. 수학은 너희 모두에게 이런 기회를 주는 과목이라고 생각해. 너희 생각은 어때?

사람 대 사람의 순간들

인지 오류는 지각적으로 상황을 해석하고 반응할 때 정보가
부족하거나 불확실해서 나타나는 인지 편향(cognitive bias)
때문에 일어나는 현상이다.[1]

10대는 정보를 대단히 중요시하는 세대다. 따라서 실제 자
료가 있으면 10대와 대화를 나누기 쉽다.[2]

왜 공부해야 해요? 왜 학교에 와야 해요? 왜 책을 읽어야 해
요? 왜 운동을 해야 해요? 왜 계단으로 다녀야 해요? 왜 일찍 자
고 일찍 일어나야 해요? 왜 골고루 먹어야 해요? 왜 지각하면 안

• • • • •

1 『한국 스켑틱 18호』, 스켑틱 협회 편집부 지음, 바다출판사, 2019

2 『10대의 뇌』, 프랜시스 젠슨·에이미 엘리스 넛 지음, 김성훈 옮김, 웅진지식하우스, 2019

돼요? 왜 복도에서 뛰면 안 돼요? 왜 슬리퍼 신으면 안 돼요? 왜 국·수·사·과 말고 체육만 하면 안 돼요?

아이들과 매일 만나는 일을 하다 보니, 갖가지 질문을 받게 된다. 그때마다 당황하곤 했다. 이런 질문에 어떻게 대답할지 배운 적이 없었으니까. 얼버무리거나 못 들은 척할 때가 많았다. 교사라는 권위로 아이들의 질문을 막은 셈이다.

오랫동안 공부하면서 아이들이 던진 질문에 대한 답을 하나씩 찾아 갔다. 내가 이해하고 납득하지 않고서 아이들에게 말해 줄 수는 없으니까. 그 어떤 질문에도 막힘없이 대답하게 될 때 아이들은 신뢰의 눈빛을 보낸다.

교과 내용을 가르칠 때는 물론, 일상생활 속에서도 어떤 대화를 나누든 객관적이고 과학적인 근거를 바탕으로 이야기하려고 애쓴다. 상담과 심리, 뇌 과학과 신경 과학 분야까지 독서 영역을 넓힌 이유다. 덕분에 어떤 학부모를 만나도 당황하지 않는다. 비슷한 발달 과정에 놓인 아이들이 겪는 문제들에는 다른 듯하지만 나름의 패턴이 있으며, 이는 학문이라는 이름으로 여러 책에 소개되어 있다.

수많은 책과 이론 사이에는 몇 가지 공통점이 있다. 첫째로 비슷한 문제에서 고민이 시작된다. 서로 다른 용어를 사용하여 해결 과정을 설명하지만, 멀리서 바라보면 유사한 개념을 사용하는 경우가 많다. 둘째로 문제를 회피하기보다 해결하려고 노력한 결과라는 점이다. 수많은 사람이 역경이나 시련을 피하기에 급급하기보다 당당히 맞서 해결하려는 노력을 포기하지 않았고, 그 결과가 이론이 되어 후대에까지 전해져 오는 것이다.

책을 읽고 생각을 정리했다고 해서 아이들에게 이를 잘 전달할 수 있는 것은 아니다. 어른들도 이해하기 어려운 내용을 아이들이 이해하기 쉬운 말로 전달하는 일은 더욱 어렵다. 어려운 용어를 최대한 피하고 아이들이 이해할 만한 말로 대화할 때 뜻한 바를 제대로 전할 수 있다.

대화를 통해 아이들에게 전달하고자 하는 바는 무엇일까? 크게 두 가지다. 자신에 대한 믿음과 타인에 대한 신뢰. 사람은 누구나 주어진 일을 스스로 하고 싶어 하고, 잘 해내고 싶어 하며, 타인과 좋은 관계를 맺고 싶어 한다.

이는 결국 개인의 인간관이자 세계관과 맞닿아 있다. 사람을 대하는 태도, 세상을 대하는 태도와도 이어진다. '학교'라는 울타리 안에서 한 인간으로서 존엄함을 드러내는 유일한 방법은 타인을 존중하는 '나'의 태도임을 대화로 이야기하고 싶었다. 따라서 아이들과 마주하는 매 순간 이루어지는 일대일 대화가 가장 중요하다. 그 사소한 순간에 나를 온전히 드러내며 아이들과 사람 대 사람으로 마주하게 될 테니까.

왜 맨날 써요?

글똥누기 썼니?

아뇨, 이따 쓸 거예요.

선생님.

왜?

근데 왜 맨날 써요?

청동기시대 기억나? 그때 사람들이 무엇을 처음 썼다고 했지?

거울이요~!

거울은 무엇을 하는 데 쓰는 거야?

얼굴 보려고요.

얼굴을 왜 볼까?

뭐 묻었나 확인하려고요.

청동거울로 얼굴을
보려면 어떻게 해야
한다고 했어?

맨날 닦아야 한다고요.

그래,
글똥누기는 그런 거야.

네?

다른 사람의 글에 너를 비춰 보며
네 마음을 닦고 또 닦는 일.
그래서 매일 쓰자고 하는 거야.

어떻게 방탄 노래를 몰라요?

선생님.

웅?

방탄 알아요?

가수?

네.

알지.

이번에 신곡 나오는 거 알아요?

몰라.

그럼 방탄 노래는 알아요?

몰라.

에이, 어떻게 방탄 노래를 몰라요?

왜? 모르면 안 돼?

네.

왜?

선생님이잖아요.

선생님은 너희가 좋아하는 노래를 다 알아야 해?

그럼요.

왜?

그래야 저희랑 얘기가 통하죠.

그렇구나.

그럼요.

난 방탄보다 너희한테 관심이 많은데.

네?

너희에게 친구가 필요해? 선생님이 필요해?

선생님이요.

난 너희의 선생님이 되고 싶어.

친구 같은 선생님 하면 되잖아요.

친구 해 줄 사람은 여기 많잖아.

네?

너희가 서로의 친구가 되어 줄 수는 있지만, 서로에게
선생님은 되어 줄 수 없잖아.

네.

난 너희가 잘 자고 잘 먹는지, 친구랑 잘 지내는지, 수업을
잘 따라오는지, 부모님이랑 사이좋게 지내는지, 어떤 책을
읽고 있는지, 아프지는 않은지, 고민이나 걱정은 없는지가
궁금하거든. 그건 주로 친구가 해야 할 일이야? 선생님이 해야
할 일이야?

선생님이 해야 할 일이요.

그래. 난 내가 해야 할 일을 잘하고 싶어. 괜찮지?

숨차게 뛰어 볼까?

스트레스가 쌓이면 뭐 하니?

먹어요.

노래 들어요.

놀아요.

게임 해요.

먹는 사람?

저요.

저요.

저요.

노래 듣는 사람?

저요.

저요!

노는 사람?

저요.

게임 하는 사람?

저요.

저요.

저요.

저도요!

책 읽는 사람은 없네?

스트레스 쌓여요.

동화책이나 소설책을 읽으면 풀리던데?

왜요?

다른 세상에 가서 다른 사람들을 만나니까.

에이~. 재미없어요.

그럼 뭐가 제일 재밌어?

게임이요.

그래. 게임을 하면 스트레스가 풀린다는 연구 결과도 있더라.

그렇다니까요.

근데 몸속 산소가 줄어든대.

네?

PC방 가 본 사람?

저요.

저요.

저요.

일주일에 몇 번 가?

쟤는 거의 매일 가요.

자주 가는구나?

네.

가면 게임을 얼마나 해?

두 시간은 기본이에요.

끝나고 일어나면 어지럽지 않아?

어지러워요.

왜 어지러울까?

너무 오래 해서요.

게임에 빠져 있을 때 몸을 많이 움직일까?

아뇨.

거의 안 움직이지?

네.

그러면 몸속 피가 천천히 움직여서 혈전이라는 피떡이
생긴대. 떡은 촉감이 어때?

끈적거려요.

그래. 그래서 폐에 피떡이 붙는대. 그럼 숨을 잘 쉴 수 있을까?

아뇨. 잘 못 쉬어요.

한곳에서 오래 게임을 하다가 사고 난 사람 있었지?

네.

어떻게 됐어?

죽었어요.

그래, 몸에 산소가 부족해져서 사고가 난 거야. 그럼 몸에
산소를 많이 넣으려면 어떻게 해야 해?

움직여야 해요.

운동을 해야 돼요.

그렇지. 그래서 일주일에 세 번 체육을 하는 거야. 체육 시간에
가만히 있어야 할까? 숨이 차게 뛰어야 할까?

숨이 차게 뛰어야 해요.

그래. 체육 시간에는 숨차게 뛰어야 해. 우리 오늘도 신나게
뛰어 보자.

예쁘면 무조건 좋은 걸까?

선생님, 저 예쁘죠.

아니.

저 안 예뻐요?

응.

왜요?

네가 진심이 아니라서.

네?

너는 너 자신을 사랑하니?

네, 선생님.

그게 진심이라면 너를 함부로 대하지 마.

네?

남한테 너 예쁘냐고 묻지 말라고.

왜요?

사람들이 네 외모만 보고 네가 가진 다른 장점을 못 보게
만드니까.

예쁘면 좋잖아요.

얼굴만 예쁘면 좋아?

아뇨.

넌 어떤 친구가 좋아?

저한테 잘해 주는 친구요.

또?

공부 잘하는 친구요.

또?

또요?

다른 친구를 험담하는 친구는?

싫어요.

친구를 칭찬하는 친구는?

좋아요.

"나 예쁘지?"라고 물어보면, 친구가 너의 무엇만 보게 될까?

외모요.

그래. 네가 예쁜지만 보려고 하지, 네가 무엇을 잘하거나
좋아하는지는 관심을 갖지 않게 될 텐데 그래도 괜찮아?

아뇨.

선생님은 사람들이 너의 외모보다 너의 다른 좋은 점들이나
노력, 실력을 더 알아주기를 바라. 네 생각은 어때?

진짜 대화가 시작되는 지점

안 보면 그만이다. 마음에 안 드는 사람과 함께 일하기 싫으면 그만두면 된다. 그런데 그게 가능할까? 마음에 안 드는 사람이 곳곳에 있다면 대체 어디로 가야 할까? 사람은 감정의 동물이다. 한 번 상한 감정은 회복하기 어렵다. 상한 감정은 이성적 판단을 흐리게 만든다. 대화가 어려워진다. 그렇다. 싸우자고 대드는 사람들이 문제를 망치는 이유다.

대화는 나의 말을 하는 데서 시작하는 것이 아니다. 상대방의 이야기에 귀 기울이는 데서 시작한다. 알지만 어렵다. 마음이 급해서다. 내 이야기를 경청하지 않으면 마음이 상한다. 나를 존중하지 않는 사람과 함께하는 시간은 고통이다. 그러한 대화는 겉돌 수밖에 없다. 상대방 이야기에 귀 기울이다 보면, 그 마음에 공감하게 되고 고개가 끄덕여지는 지점에 내 마음이 가닿는다. 그 순간 내 이야기를 꺼낸다. 상대와 내가 서로 같은 편임을 밝

히는 것이다. 그래서 기다린다.

상대도 나도 선의를 품고 대화에 임한다는 사실을 잊어서는 안 된다. 우리는 함께 문제를 해결하려는 사람이라는 사실을 기억해야 한다. 타인의 존재를 부정하는 데 익숙해지면 언젠가 자신마저도 부정하는 데 익숙해질 테니까.

아이들은 어른보다 쉽게 감정이 흔들리고 진정하는 데 오랜 시간이 걸린다. 따라서 교사나 부모가 자기 이야기를 꺼내기에 앞서 아이의 이야기를 들어 주는 것이 중요하다. 아이는 스스로 해내고 싶어 하고, 잘하고 싶어 하고, 자신을 좋은 사람으로 기억해 주기를 원한다. 스스로 해내도록, 잘 해내도록, 좋은 사람으로 기억되도록 기회를 주는 일, 그것이 바로 대화의 목적이다.

2.

마음이 기울어진
너에게

한 번에
좋아지진 않아

준영이 또 늦었어요.

그래?

걔는 안 돼요~.
내일도 늦을걸요?

너는 준영이를
안 믿는구나.

네?

일찍 올 때는
아무 말 안 하다가
늦으니까 지적하잖아.

작년에도
맨날 늦었어요.

올해는 일찍 나온 날이 많던데?
수업 일수 37일 중에 19일
일찍 나왔어.

어떻게 아세요?

정말
늦게 오는
아이인지
보려고 적어
놨거든.

너는 일찍 오는 게 쉬워?

아뇨. 힘들어요.

그래서 네가 대단한 거야. 일찍 오려면 전날부터 준비해야 하잖아.

맞아요. 전날 준비물도 다 챙겨야 하고, 늦게 자고 싶은데 일찍 일어나려고 일찍 자요.

그래, 어려운 일이야. 더구나 숙제도 다 하고 오는 일이 얼마나 대단한 건데!

이건 어른들도 어려워하는 일이야.

정말요?

그럼. 선생님도 지각하거나 뭘 빼먹고 출근하기도 하는걸!

어른들도 어려운 일을 너희는 하고 있어. 준영이도 너희처럼 대단한 일을 하려고 애쓰는 건데, 그걸 한 번에 잘할 수 있을까?

아뇨.

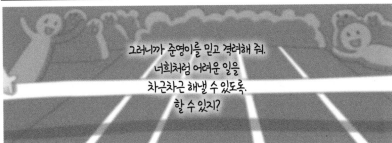

그러니까 준영이를 믿고 격려해 줘. 너희처럼 어려운 일을 차근차근 해낼 수 있도록. 할 수 있지?

61

그 아이 마음이 지옥일 거야

선생님.

왜?

아니에요.

할 말 있어?

아뇨.

근데 왜 불렀어?

그냥요.

무슨 일인데?

순묵이가 저 따돌려요.

어떻게 알았어?

친구들이 그러는데요. 순묵이가 제 뒷담 까고 다닌대요.

너 순묵이랑 친했잖아.

네.

순묵이가 뭐라고 했는데?

제가 희경이 뒷담 까고 다녔대요.

진짜 그랬어?

아뇨.

근데 순묵이가 왜 그럴까?

모르겠어요.

순묵이가 너를 미워하나 보다.

…….

속상하겠다.

…….

너도 순묵이가 밉니?

…….

괴롭지?

네.

순묵이도 괴로울 거야.

네?

누군가를 미워하는 건 고통스럽거든. 마음 아프지 않아?

아파요.

순묵이가 너를 미워하는 마음을 다른 친구들에게 전하고 있는 거지?

네.

친구들은 마음이 아플까, 안 아플까?

아플 것 같아요.

왜?

저를 미워하게 될 테니까요.

친구들이 순묵이 말만 듣고 너를 미워할 것 같아?

네.

왜?

순묵이는 인기가 많잖아요.

선생님은 네가 더 좋은데?

왜요?

선생님에게 고민을 털어놨잖아.

그런데요?

네가 나를 믿는다는 증거잖아.

그런가요?

순묵이는 네가 미워진 이유를 너에게 말하지 않았지?

네.

친구들에게 네 뒷담을 하고 다녔지?

네.

친구들이 순묵이를 어떻게 생각할까?

글쎄요.

'순묵이는 나랑 친하게 지내다가 사이가 나빠지면 내 뒷담을 하고 다니겠구나.' 하고 생각하지 않을까?

그럴 것 같아요.

아마 친구들도 순묵이랑 친해지고 싶지 않을 거야. 넌 어때?

저도 친하게 지내고 싶지 않아요.

그래. 그래서 순묵이 마음이 지옥일 거야. 가까운 친구조차 믿지 못했으니까.

그럴 것 같아요.

순묵이 외롭겠다. 그렇지?

왜요?

너한테는 선생님이 있지만, 순묵이한테는 믿을 만한 친구가 없으니까. 고민이 있어도 선생님에게조차 털어놓지 못하잖아.

네.

그래서 부탁이 있어.

뭐요?

순묵이에게 먼저 인사하기.

싫어요.

같이 놀라는 건 아니야. 그냥 인사만 해 줘.

왜요?

너에게 미안해하라고.

네?

순묵이가 너에게 미안한 마음을 가지라고. 대신 선생님은 순묵이랑 따로 이야기할게. 순묵이에게도 뉘우칠 기회를 줘야 하니까. 순묵이가 더 좋은 친구가 될 수 있도록 네가 도와주었으면 좋겠어. 할 수 있지?

너를 싫어하게 될까 봐

선생님!

무슨 일이니?

기영이 쟤가 자꾸 제 귀에 대고 이상한 소리를 내잖아요.

그래서?

하지 말라고 했는데 싫대요.

기영아, 이리 와 볼래?

네.

왜 했어?

그냥요.

재미있어?

아뇨.

하지 말라는 말 들었어?

네.

근데 왜 했어?

하고 싶어서요.

친구가 하지 말라고 했는데도 계속하고 싶었어?

네.

친구가 하지 말라고 했는데도 계속 장난을 쳤구나.

네.

다른 친구들도 봤겠지?

네.

너를 어떻게 생각할 것 같아?

싫어할 것 같아요.

그래, 싫어할 것 같아. 그래서 하지 말라는 거야. 선생님은
다른 친구들이 기영이랑 같이 있고 싶다거나 기영이랑 함께
이야기하고 싶다거나 기영이처럼 따뜻한 사람이 되고 싶다고
여겼으면 좋겠어. 선생님이 어려운 부탁을 하는 거니?

아뇨.

잘 부탁해. 기대할게.

어려운 것 같지만 막상 해 보면

왜 싸웠어?

얘가 어깨로 밀어서 벽에 부딪혔어요.

네가 멱살 잡았잖아! 축하해. 축하해. 축하해.

이게 축하할 일이야?

아뇨.

"축하해."라고 하니까 기분 좋아?

아뇨.

그럼 뭐라고 말해야 해?

"미안해."라고 해야 해요.

해 볼래?

네?

"미안해."라고 해 보라고.

…… 미안해.

나도 미안해.

싸우는 게 어려울까? 화해하는 게 어려울까?

화해하는 거요.

막상 해 보니 어때. 이 정도 어려운 일쯤은 쉽게 할 수 있겠지?

너를 함부로 다루지 마

너를 왜 불렀을까?

욕해서요.

또?

민교를 때려서요.

왜 때렸어?

화나게 하잖아요.

민교가 화나게 했어?

네.

너를 화나게 해서 욕하고 때렸구나.

네.

너는 화나면 욕하고 때리는 사람이야?

네?

민교한테 화나서 욕하고 때렸다며.

네.

오늘 아침에는 왜 화났었니?

아빠가 저한테 짜증 부리잖아요.

왜?

몰라요.

너한테 화를 내신 거야?

네.

너도 화났겠다.

네.

그럼 아빠한테도 욕하고 때렸어?

네?

화나면 욕하고 때린다며.

아뇨.

왜?

아빠잖아요.

아빠한테는 참고, 민교한테는 욕하고 때린 거네. 그렇지?

네.

친구들이 너를 어떻게 생각할까?

모르겠어요.

그럼 민교는 너를 어떻게 생각할까?

몰라요.

너는 아빠가 어때? 아빠랑 친해지고 싶어?

아뇨.

민교는 너랑 친해지고 싶을까?

아뇨.

화나게 했다고 욕하고 때리는 너를 친구들이 봤지?

네.

친구들이 너랑 친해지고 싶을까?

아뇨.

친구들이 너를 어떤 사람이라고 생각할까?

무서운 사람이요.

친구들이 너를 두려워했으면 좋겠어?

아뇨.

선생님도 싫어. 친구들이 너를 두려워하는 거. 그래서 네가
화나도 욕하지 않고 때리지 않을 수 있다는 걸 보여 주었으면
좋겠어.

제 친구들은 다 욕하는데요.

그러니까. 네가 화나면 욕하고 때리는 사람이라는 것을
아니까 네 주변 친구들도 너를 그렇게 대하잖아.

네?

네가 욕하고 때리며 네 인격을 함부로 다루니까 친구들이 너를
함부로 대하는 거라고. 거친 말과 행동으로 너 자신을 함부로
다루지 않았으면 좋겠어. 그래야 친구들이 너를 소중히 여길
테니까.

원래 그런 아이는 없다

저경력 교사 시절, 여러 선배 교사들이 하는 이야기 중 유독 듣기 싫은 말이 있었다.

"쟤 원래 그래."

"나 쟤 그럴 줄 알았어."

어린 시기의 한순간만 보고 그 아이의 전체를 판단하는 것이 과연 타당한 걸까. 그래서 물었다. 아이 부모는 어떤지, 친구 관계는 어떤지, 급식은 잘 먹는지, 학교에 와서 피곤해하지는 않는지……. 아이들을 만나면 아이를 통해 그 주변을 살펴보게 된다. 주변 친구들은 어떤 친구들인지, 학교에서 졸지는 않는지, 급식은 골고루 먹는지, 친구들이랑 자주 싸우는지, 싸우고 난 후에 어떻게 하는지, 부모에 대해 어떻게 생각하는지 등을 알아본다.

아이의 행동에 까닭이 있을 거라 짐작하기 때문이다. 기질의 문제인지, 양육의 문제인지, 아이를 둘러싼 환경의 문제인지를 들여다보는 것이다. 일종의 '관찰'이다. 관찰은 관심이 있을 때 가능하다. 그리고 아이들은 이걸 기막히게 알아차린다. '선생님이 나에게 관심이 있구나.' 하고.

감정의 전염[1], 머레이비언의 법칙[2] 등을 알게 되면서 나름 한 가지 깨달음을 얻었다. 내가 상대를 대하는 태도가 곧 상대가 나를 대하는 태도를 결정한다는 사실 말이다. 내가 아이들을 대하는 태도가 아이들이 나를 대하는 태도를 결정한다는 것이다. 아이도 나와 똑같은 사람이다. 자신을 함부로 대하는 사람을 만나면 상처받고, 자신을 존중하고 인정해 주는 사람을 만나면 함께하고 싶어 한다는 사실을 시간이 흐를수록 더욱 확신하고 있다.

- - - - -

1 감정의 전염(emotional contagion): 타인이 정서를 경험할 때 나타내는 목소리, 표현, 몸짓, 동작 등을 저절로 흉내 내고 따라 하여 점차 그 사람과 동일한 정서를 경험하게 되는 경향

2 머레이비언의 법칙: 1971년 미국 심리학자 앨버트 머레이비언 교수가 발견한 법칙으로, 인간이 의사소통을 할 때 말뜻보다 얼굴 표정이나 목소리, 음색 등 비언어적 정보가 훨씬 중요하다는 이론

제 머리가 나쁘대요

프리지어 보이니?

네~!

어제랑 달라진 거 없니?

잘 모르겠어요.

처음이랑 달라진 건?

꽃이 활짝 피었어요!

그렇지, 가만히 있는 것 같지만 조금씩 자라고 있지. 왜 자라고 있을까?

잘 돌봐요.

물을 줘서요!

그래, 관심을 갖고 잘 기르니 잘 자라지.

거리끼는 마음

진짜야?

뭐가요?

지영이랑 몸이 닿았다고 손 씻고 온 게?

…….

정말 그런 거야?

다른 애들도 다 그랬어요.

왜?

더럽잖아요.

사람이 더러워?

쟤 머리도 안 감고 안 씻어요.

아까 뭐라고 말했어?

…….

말해 봐. 아까 지영이한테 뭐라고 했는지.

…….

말해 봐, 어서.

'세균'이요.

뭐라고?

세균이요. 애들이 지영이가 쳐다보거나 닿으면 전염된다고 그랬어요.

장애물이구나.

네?

사람이 사람을 거리끼는 행위, 그게 너를 미성숙하게 만드는 장애물이라고. 수업 시간에 선생님이 사고로 팔을 잃은 검도 선수 이야기를 들려준 적 있지. 생각나니? 오른팔을 잃은 검도 선수의 어디를 잡고 악수했다고?

오른쪽 팔꿈치요.

왜 오른쪽 팔꿈치를 잡고 악수했다고 했지?

잃어버린 오른팔을 극복해서요.

친한 친구가 아파 보이면 뭐라고 해야 하지?

어디 아프냐고 물어요.

친구가 머리도 안 감고 잘 안 씻고 오면, 어떻게 해야 해?

무슨 일 있냐고 물어봐야 해요.

그렇지. 궁금해해야지.

지영이는 대답도 잘 안 하잖아요.

지영이랑 친한 사람 있어?

없어요.

친하지도 않은데 왜 안 씻냐고, 더럽다고 말한 거야?

그럼 선생님은 지영이가 왜 그러는지 알아요?

조금은 알아.

어떻게 알아요?

물어봤으니까.

이유가 뭔데요?

지영이가 말하지 말래.

왜요?

너희랑 친하지 않으니까. 너희가 지영이를 거리끼니까.

씻고 오면 되잖아요.

씻고 오면 친하게 지낼 거야?

네.

좋아. 선생님이 지영이랑 이야기해서 약속해 볼게. 대신 너도
지영이랑 가깝게 지내 본다는 약속, 지켜야 해.

제가 쟤보다 낫지 않아요?

왜 그랬어?

뭐가요?

왜 승우를 밀었냐고.

모르고 그랬어요.

진짜?

네, 진짜요.

화났니?

뭐가요?

너 화난 것 같아서.

아니요.

지금 선생님한테 화내는 것 같은데…….

아니에요.

근데 왜 불러도 그냥 갔어?

짜증 나서요.

왜?

그냥요.

말해 봐. 네가 말해 줘야 선생님이 알지.

왜 안 혼내요?

누구?

승우요.

야단쳤잖아.

아니요. 그거 말고요.

그럼 어떻게 해?

왜 말로만 하냐고요.

그럼 때리고 벌을 줄까?

네.

왜?

안 고쳐지잖아요.

나아지고 있는데?

뭐가요? 제가 걔 때문에 얼마나 힘들었는지 다 아시잖아요.

알지. 그래서 선생님이 이야기했잖아. 기억나?

네, 근데 못 하겠어요.

왜?

같이 놀아도 꼭 기분 나쁘게 하잖아요.

그때 너는 어떻게 했는데?

저도 똑같이 했죠.

그래서 밀었구나.

네.

똑같네.

뭐가요?

둘의 마음이.

네?

승우는 너를 가볍게 생각하고, 너는 승우를 미워하고.

그래도 제가 쟤보다 낫지 않아요?

아니.

왜요?

선생님이 남과 비교하자고 했어?

아뇨.

생각나니?

뭐가요?

네가 승우 때문에 힘들다고 했을 때 선생님이랑 했던 약속.

네, 기억나요.

지키고 있어?

아뇨.

그때의 너보다 지금의 네가 나아졌니?

······.

난 너랑 승우를 비교하는 게 아니야. 3월의 너와 지금의 너를
비교하는 거지. 네가 얼마나 성장했는지, 너 자신을 위해
얼마나 노력하고 있는지. 난 네가 너에게 집중했으면 좋겠어.

가장 답답한 사람은 누구일까?

저 안 할래요.

왜?

진연이는 안 돼요.

왜 안 되는데?

말을 안 듣잖아요.

왜 네 말을 안 들을까?

몰라요.

물어봤어?

뭘요?

왜 안 하는지.

아뇨.

물어보지도 않고, 무조건 진연이가 안 할 거라고 생각하는

거야?

하기 싫다잖아요.

그러니까. 왜 하기 싫은지 물어봤냐고.

그걸 왜 물어봐요.

말하고 싶어 할 테니까.

말 안 해요.

왜 너에게 말하지 않을까?

저한테 말하기 싫겠죠.

왜 너한테 말하기 싫어할까?

저를 싫어하나 보죠.

알고 있구나.

네?

진연이가 너를 싫어한다는 걸 알고 있잖아. 그렇지?

네.

그러니까 너도 진연이가 싫잖아.

네, 싫어요.

바로 그거야. 네가 싫어하는데 네 말을 들을 리가 있을까?

아뇨.

그래서 너에게 부탁하는 거야. 좋아하지는 못해도 싫어하지는
말자고.

어떻게요?

진연이도 잘하고 싶어 하는 건 알지?

네.

잘하고 싶은데 잘 안 되면 가장 답답한 사람은 누구일까?

진연이요.

잘하고 싶은데 안 되는 걸 너에게 보여 주고 싶을까?

아뇨.

그래서 너를 멀리하는 거야.

네?

네가 잘하는 건 친구에게 보여 주고 싶지?

네.

진연이 마음도 그래. 못하는 것보다 잘하는 것을 너에게
보여 주고 싶어 한다고. 자, 어때. 진연이 마음을 알고 나니
싫어하진 않을 수 있겠지?

존중하는 사람과 무시하는 사람

왜 화가 났니?

성호랑 민현이가요, 제가 잘하는 게임을 망했다고 하잖아요.

그래서 화났어?

지난번에도 그래서 하지 말라고 그랬는데요, 또 그러잖아요.

너를 무시했구나.

네.

너를 무시하는 말과 행동을 한 친구가 나쁜 거야? 네가 나쁜 거야?

친구요.

말과 행동이 무엇을 나타낸다고 했어?

인격이요.

남을 무시하는 말과 행동을 한 사람이 친구야, 너야?

친구요.

그래서 놀린 친구를 불쌍히 여겨야 해.

네?

남을 존중하는 사람이 훌륭해? 무시하는 사람이 훌륭해?

존중하는 사람이요.

넌 어떤 사람이 되고 싶어?

존중하는 사람이요.

그래, 선생님은 네가 존중하는 사람이기를 바라. 너를
무시하는 사람조차 존중할 줄 아는 정운이. 어때, 멋있지
않니?

훈화와 대화의 목적

초등학교 5학년, 월요일 애국 조회 시간이었다. 하늘에는 구름 한 점 없고 아침 햇살은 운동장 위에 서 있는 우리를 뜨겁게 달구었다. 스켈럽, 어느 만화영화 속 악당의 이름으로 불리는 교장 선생님은 그날도 여지없이 길고 긴 훈화를 허공에 한없이 흩뿌리고 있었다.

여러분~, 여러~분, 여~러~분. 꼼짝 않고 점점 뜨거워지는 운동장에 서서 누군지도 알 수 없는 대상을 향해 화내듯 쏟아 내는 이야기에 귀 기울이는 일이란, 고작 만 열두 살에 불과한 아이들에게 어마어마한 시련이고 고통이었다. 교실, 아니 당장 뒤에 있는 나무 그늘 밑으로 뛰어 들어가고 싶었다. 이렇게 버티다가는 쓰러질 것 같았다.

그 순간 마이크를 통해 누군가를 부르는 소리가 들렸다.

"야! 분홍색 잠바 뒤집어쓰고 있는 너, 나와!"

전교생이 일시에 뒤돌아보았다. 여학생 한 명이 구령대를 향해 천천히 걷기 시작했다.

"안 뛰어?"

그 친구는 뛰기 시작했고 전교생의 시선이 따라갔다. 짝! 전교생이 보는 앞에서 아이는 따귀를 맞았다. 감히 교장 선생님 훈화 말씀 중에 잠바로 햇볕을 가리고 서 있었다는 이유로 말이다.

그때 깨달았다. 훈화 따위로 사람의 마음을 움직일 수 없다는 사실을. 대상조차 알 수 없는 말을 내던지며 자기 이야기에 집중하지 않는다고 흥분하는 교장의 모습은 '미성숙한 어른', 그리고 '훈화의 한계'란 무엇인지 생생하게 보여 주었다.

성숙한 대화란 상대와 눈을 맞추고 그 이야기에 귀 기울이는 일에서 시작된다. 자기 이야기를 꺼내는 과정은 자기 생각을 정리하는 과정이기도 하다. 듣는 이의 마음을 얻으려면 자기 생각을 명료하게 전달해야 하고, 생각을 분명하게 전달하려는 노력은 결국 타인과 긍정적인 관계를 맺으려는 '동기'와 타인을 설득하는 데 필요한 근거를 획득하기 위한 '학습'으로 이어진다.

상담은 일대일 대화를 의미한다. 칼 로저스(Carl Rogers)의 '인간 중심 상담'은 내담자가 스스로 자기 문제를 인식하고, 스스로 문제를 해결할 힘을 지녔다는 것을 전제로 한다. 로저스가 마음 깊이 확신했던 것은 누구나 자기실현 경향성이 있다는 사실이었다. 나 역시 누구나 자기실현을 위해 노력할 것이라는 믿음이 있기에 아이 스스로 자기 생각과 감정을 인식하고 표현하도록 이끌기 위해 노력한다. 자기 생각과 감정은 누구보다 자기 자신이 가장 잘 아는 법이다.

자기 내면의 자기실현 경향성, 자기 결정성이 있음을 확인시키는 일이 바로 '대화'의 목적이자 훈화와 구별되는 점이다. 학교라는 환경, 교사와 학생 관계, 수업과 생활지도, '일대다'라는 조건 속에서 아이들과 나누는 대화가 서로를 신뢰하는 관계를 이어 가며 아이들의 자율성을 끌어내려는 목적에 맞는지를 끊임없이 점검해야 하는 이유다.

모르는 사람의 마음도 헤아리는 일

너는 대머리~ ♪
머리를 심어도 대머리~ ♪

ㅋㅋㅋ

무슨 노래야?

과학 시간에 배운 노래인데요, 가사가 대머리라고 하는 것 같아서 재밌길래 바꿔 불러 봤어요.

그만 불렀으면 좋겠다.

왜요?

너희가 부르는 노래 가사는 누군가를 놀리거나 모욕하는 내용이지? 타인은 고통스러운데 너희는 재밌다면 도덕적일까? 비도덕적일까?

비도덕적이에요.

오래전 내가 알던 초등학교 5학년 친구가 원형탈모증이 생겼어. 그게 뭔지 알아?

네, 머리 빠지는 거요.

근데 왜 빠졌냐면...

아빠가 엄마를 때려서 도망 나왔거든. 그래서 스트레스를 받고 머리가 빠졌어.

친구들에게 말했을까?

아뇨!

그래. 친구들 아무도 몰랐어. 말하지 않았으니까.

지금은 괜찮아요?

그럼. 지금은 어른이 되어서 잘 살고 있지.

다행이다.

어떤 친구가 스트레스로 머리가 빠지고 있을 때, 너희가 이런 노래를 부르면 어떤 기분일 것 같아?

속상할 것 같아요.

기분 나쁠 것 같아요!

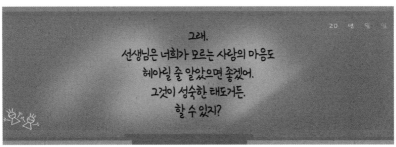

20 년 월 일

그래. 선생님은 너희가 모르는 사람의 마음도 헤아릴 줄 알았으면 좋겠어. 그것이 성숙한 태도거든. 할 수 있지?

룰을 알면서도 지키지 않으니까

지한이가 또 팀 킬 했어요.

어떻게 팀 킬을 했는데?

지한이가 같은 편인데요. 제가 공을 던지는데 가로막아서
상대 팀한테 공을 빼앗겼어요.

지한아.

네.

팀 킬 했니?

아뇨.

규칙을 지키지 않으면 경기를 할 수 있어?

아뇨.

알고 있지?

네.

피구 규칙을 모르니?

아뇨, 알아요.

**같은 편이 공격하는 것을 막아서 상대편으로 공을 넘기는 건
팀 킬이야, 아니야?**

팀 킬이에요.

알고 있구나.

네.

어렵지?

네?

규칙을 지키기 어렵지?

아뇨.

지난번에도 너 팀 킬 한다고 친구들이 이야기한 거 기억나?

아뇨.

다른 사람은 기억나니?

네!

그래, 선생님도 기억해. 그래서 선생님은 지한이가 규칙을 지키기 어려워한다고 생각해. 지한이 생각은 어때?

지킬 수 있어요.

진짜? 믿어도 돼?

네!

그래, 알았어. 한 번 더 팀 킬 하면 네가 규칙을 지킬 수 있다고 친구들이 인정할 때까지 너를 참여시키지 않을 거야. 약속할 수 있지?

말과 행동이 네 마음을 나타내니까

선생님! 큰일 났어요. 해윤이가…….

다들 교실로 올라가. 해윤아, 일어서.

…….

바닥이 차가우니까 얼른 일어서.

…….

말하지 않으면 너를 오해하잖아. 오해해도 돼?

술래잡기하는데요. 애들이 너무 빨라서 어지러웠어요.

그래서 공을 끌어안고 앉아 있었던 거야?

네.

알았어. 교실로 올라가자.

아까 무슨 일이 있었는지 이야기해 줄 사람?

해윤이가요. 쌩쑈라는 술래잡기를 하는데 술래였거든요.
근데 친구들을 못 잡았어요. 그러니까 화나서 터진 축구공을
들고 손바닥에 침을 묻혀서 안 잡히면 공에 묻힌다고 했어요.

그래서?

그래서 그냥 저희끼리 놀았어요. 그랬더니 공을 끌어안고
앉아 버렸어요.

민서야.

네.

네가 아까 쌩쑈를 다른 말로 뭐라고 했어?

술래잡기요.

아까 해윤이가 술래잡기하러 가냐고 물어봤을 때 너는 뭐라고
했어?

술래잡기 안 하고 쌩쑈한다고요.

해윤이한테 뭘 한 거야?

거짓말이요.

왜 거짓말을 했을까?

모르겠어요.

다른 사람들 생각은 어때? 왜 거짓말을 했을까?

같이 놀기 싫어서요.

그래. 그래서 거짓말한 것 같아. 민서가 한 말은 민서의 무엇을
나타내니까?

마음이요.

아침에 해윤이가 어제 운동하다가 발목을 다쳤다고 말했어.
그래서 선생님이 오늘은 의자에 앉아 있고 돌아다니지 말라고
했거든. 근데 너희가 급식을 빨리 먹고 나가니까 해윤이도
금방 먹고 나가더라. 왜 그랬을까?

같이 놀고 싶어서요.

그래. 발목이 아파도 너희랑 놀고 싶었을 거야. 해윤이가 종종

어깨를 들썩이는 거 알지?

네.

그게 뭐라고 했어?

틱이요.

맞아. 딸꾹질 같은 거야. 원하지 않는데 어깨가 계속 움직여.
얼마나 괴로울까? 근데 이게 왜 심해졌는지 알아?

아뇨.

따돌림. 해윤이가 느린데 친구들이 빨리 못 한다고 화를 많이
냈대. 화내면 빨리할 수 있어?

아뇨, 못 해요.

그렇지. 그래서 선생님은 해윤이가 무언가를 할 때 천천히
기다리는 거야. 근데 선생님만 노력한다고 될까?

아뇨.

그래, 같이 노력해야 해. 해윤이가 작년보다 나아진 거 알지?

네.

너희가 많이 도와주었으니까. 그래서 요샌 종종 너희랑 같이
놀기도 하잖아. 우리 같이 노력해서 해윤이 틱도 없어졌으면
좋겠어.

네.

그리고 해윤아, 네가 왜 마음이 상했는지 말해야 해. 말하지
않으면 친구들이 너를 오해하게 되거든. 너를 오해하지
않도록 잘 말해 줘.

널 칭찬하는 이야기를 듣고 싶어

정호야, 선생님이 너를 왜 불렀어?

아……. SNS로 싸워서요.

왜 싸웠어?

다른 학교 친구가 있는데요. 그 친구 이야기를 했더니, 승오가
O따라고 해서 저도 O따라고 했어요.

선생님이 네가 욕하고 다니는 거 알면 좋아?

아뇨.

왜?

야단맞을까 봐요.

선생님 기분은 어떨까?

화나요.

왜?

제가 욕해서요.

**선생님이 없을 때 네 모습이 진짜일까? 선생님이 있을 때 네
모습이 진짜일까?**

선생님이 없을 때요.

정호 할머니가 전화하셨어. 정호가 친구랑 카톡으로 욕하며
싸웠다고. 선생님이 너에게 바라는 점이 뭐였어?

아침에 글똥누기 나누어 주고…….

그보다 널 칭찬하는 이야기를 듣고 싶어. 정호 할머니가, 다른 반 선생님이, 다른 친구들이 정호를 칭찬하는 거. 너랑 친구라서 너무 좋다는 말을 듣고 싶어.

선생님이 너를 대하듯이

○○쌤 인성 망했어요.

웅? 왜?

저희한테 소리 지르고요. 이랬다가 저랬다가 자기 마음대로
해요.

화나겠다.

네.

너희한테 화내니까 ○○쌤 싫지?

네~!

너는 어땠어?

네?

선생님을 처음 만났을 때 실망시킨 적 없어?

많아요.

그때 선생님이 화내고 너를 비난했어?

아뇨.

그럼 어떻게 대했어?

용서하고, 믿어 주셨어요.

넌 지금이랑 그때랑 같아?

달라졌어요.

왜 달라졌을까?

믿어 주셔서요.

너도 해 봐.

네?

네가 먼저 ○○쌤한테 친절하게 대해 보라고.

어떻게요?

먼저 웃으면서 인사해 봐.

싫은데 어떻게 웃어요?

실험을 하는 거야.

어떻게요?

네가 웃으면서 인사하면 선생님이 어떻게 하시는지 지켜봐.

그래도 화내면요?

"화나게 해서 죄송합니다."라고 해 봐.

그래도 화내면요?

왜 화나셨는지 여쭤봐.

그래도 화내면요?

그럼 선생님한테 와서 말해. 노력해도 안 된다고.

네, 근데 진짜 안 되면 어떻게 해요?

그땐 선생님이 도와줄게. 할 수 있지?

변화를 끌어내는 일

정서와 인지를 다른 키워드로 설명해 보면 자기 조절과 메타 인지가 아닐까. 스스로를 조절하는 능력과 자신이 모르는 것과 아는 것을 구별할 줄 아는 능력 말이다. 이는 어떠한 과정으로 습득될까? 역지사지가 핵심이다. 처지를 바꾸어 생각하고 느껴 보는 것.

그렇다면 타인의 생각과 감정을 읽을 줄 아는 능력은 어떻게 만들어질까? 자기 생각과 감정을 타인이 읽어 준 경험, 즉 공감받은 경험으로 만들어진다. 이것이 '애착'이다. 애착은 생애 초기 자신의 욕구를 잘 읽어 주고 반응해 준 부모나 주 양육자와의 관계 경험에서 형성된다. 하지만 누구나 성공하지는 못한다. 사람은 누구든 부모를 선택해서 태어나지 못하니까.

학교는 이 경험의 차이를 바로잡는다. 아이들은 교사를 통해, 자신보다 성숙한 또래와의 관계 경험을 통해 자기 생각과 감정을 읽어 주는 타인을 만난다. 생활지도의 초점은 바로 여기에 있다. 아이들의 생각과 감정을 읽고, 친구의 생각과 감정을 짐작해 보게 한다. 교사가 개입하기보다 아이 스스로 생각하도록 질문하는 것이다.

하지만 학교만의 노력으로, 아니 교사 개인만의 노력으로 아이의 변화를 끌어내기란 불가능에 가깝다. 가정이나 사회에서 교사와 다른 방식으로 아이를 대하는 사람들의 수가 훨씬 많아서다. 가끔 학대 가정 혹은 방임 가정의 아이들도 만난다. 이 경우엔 가족 요인을 기대할 수 없다. 이 아이들을 위해서 무엇을 해야 할까? 이들에게 필요한 건 좋은 사람, 좋은 친구다.

그래서 주변 친구들을 하나하나씩 만나 그 아이에게 좋은 친구가 되어 달라고 부탁한다. 너로 인해 그 아이가 '나도 해 보고 싶다. 나도 잘하고 싶다.'라는 마음이 생기도록 노력하는 모습을 보여 달라고 말한다. 그리고 문제 행동을 주로 일으키는 아이의 변화를 공개적으로 칭찬한다. 사실 눈을 씻고 뒤져 봐도 칭찬하기 어려운 아이도 있다. 그래서 기회를 만들어 준다. 학급 내에서 다른 친구들을 위해 할 수 있는 일을 부탁하는 것이다. 책상

줄을 맞춘다든지, 우유를 나누어 준다든지, 칠판을 지우는 일처럼 작고 사소하지만 실천하기 귀찮은 일들을. 그 일을 마치면 모두가 함께 있을 때 칭찬한다.

"귀찮았을 텐데도 너희를 위해 이런 노력을 하더라. 이렇게 좋은 모습을 보여 주어서 놀랍고 기쁘다. 앞으로도 잘 부탁한다."

칭찬한 그 모습이 아이의 정체성이 되도록 모두의 앞에서 확인시키는 것이다. 노력과 과정에 대한 칭찬을 공개적으로 하려면 아이가 노력하는 모습에 주목해야 한다. 물론 생각보다 어려운 일이다. 하지만 반복해서 관찰하다 보면, 노력하는 모습이 눈에 보이기 마련이다. 이건 교사 자신의 심리적 소진을 예방하는 데에도 큰 도움이 된다.

네 마음이
편했으면 좋겠어

선생님이 너를
왜 불렀을까?

모르겠는데요.

정말
모르겠어?

네.

마커, 이제 선생님이
왜 불렀는지 알겠어?

아...
제가 마커 펜을
가져가서요.

왜 가져갔어?

동생이랑 화이트보드에
그림 그리려고요.

그림 그리고
싶었구나.

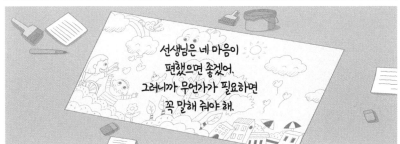

친구가 잘한 걸 이야기하면 어떨까?

선생님.

왜, 희민아?

화장실에서요. 성민이가 물 뿌리고 장난쳤어요.

희민아.

네.

선생님이 듣고 싶은 말이 뭐였지?

다른 사람이 저 칭찬하는 거요.

근데 하나 더 있어.

뭐요?

네가 다른 사람을 칭찬하는 거. 선생님한테 다른 친구가 잘한 것을 더 많이 이야기해 주었으면 좋겠어.

왜요?

넌 잘할 때가 많아? 잘못할 때가 많아?

잘못할 때가 많아요.

잘할 때는 없어?

있어요.

근데 친구들이 뭘 더 기억해?

잘못한 일만 기억해요.

다른 친구들도 너랑 똑같아.

네?

네가 방금 선생님한테 친구가 잘한 걸 이야기했어? 잘못한 걸
이야기했어?

잘못한 거요.

그래. 다른 친구도 너랑 똑같이 네가 잘못한 것만 본다고.

아…….

그래서 선생님은 희민이 네가 다른 친구가 잘한 일을 더 많이
보고 이야기해 주었으면 좋겠어. 할 수 있지?

작은 약속을 지키는 사람

아싸~! 세이프!

진우야.

네, 선생님.

정각에 맞춰 오니까 좋아?

네, 지각 아니잖아요.

우리 아침 독서 시간이 몇 분부터지?

8시 50분이요.

50분에 시작하려면 언제 와야 해?

조금 더 일찍 와야 해요.

선생님이 몇 분까지 와 달라고 부탁했어?

45분이요.

왜 5분 일찍 와 달라고 했지?

다른 친구들이 아침에 오면 C&C 스티커 붙일 수 있게 나눠 주고 아침 독서 준비하자고요.

오늘 시연이는 몇 시에 왔는지 아니?

아뇨.

8시 20분.

진짜요?

그래. 일찍 와서 너희 자리까지 다 쓸어 주더라. 선생님이
해 달라고 말하지 않았는데도. 작년 학생 자치회 선거 때
기억나니?

네.

그때 자단이가 당선되고, 너는 아쉽게 떨어졌지?

네.

개표가 끝나고 우리가 나누었던 이야기 기억나니?

아, 아뇨.

그때 네가 친구들이 어떤 사람을 뽑는지 궁금해서 설명해
주었는데.

그래요?

그래. 선생님이 어디서 실내화를 갈아 신니?

1층이요.

왜?

저희도 1층에서 실내화를 갈아 신으니까요.

선생님이 언제 출근하지?

8시쯤이요.

원래 몇 시까지 출근일까?

8시 40분이요.

왜 일찍 올까?

미리 수업 준비하려고요.

옛날에 선생님이 가르친 반장 이야기한 적 있는데 기억나니?

아, 기억나요.

어떤 아이였지?

졸업식 날 아침까지 자신이 공약한 교실 청소랑 정리 정돈을
하고 졸업한 형이요.

**너라면 8시 59분에 세이프라고 말하며 학교에 오는 사람을
뽑겠니? 아니면 졸업식 마지막 날까지 자신이 말한 공약을
실천한 사람을 뽑겠니?**

약속을 지킨 사람이요.

**그 약속은 남들처럼 하겠다는 약속이야? 남들을 위해 좀 더
노력하겠다는 약속이야?**

노력하겠다는 약속이요.

네가 약속을 실천하면 무엇을 얻을까?

믿음이요.

**그래. 네가 한 말은 믿을 수 있는 말이 되고, 네가 한 행동은
모범이 될 거야. 앞으로 사소한 약속도 지킬 수 있지?**

뭐 하는 짓거리예요?

선생님 머리가 하얘요. 옷이 하얘졌어요.

알아. 닦으면 되지.

선생님.

응.

이게 뭐 하는 짓거리예요?

지금 이 훈련을 왜 할까?

불이 날 걸 대비해서요.

알고 있구나.

네.

선생님이 이렇게 소화기 액을 뒤집어쓸 걸 알았을까?

아뇨.

준현이 너도 알고 있구나. 그걸 아는데 아까 선생님에게
뭐라고 말했어?

뭐 하는 짓거리냐고요.

네가 선생님이라면 어떨 것 같아?

기분 나쁠 것 같아요.

그 말을 할 때 너무 자연스럽던데.

준현이 쟤 아까 저한테 "응, 자살해."라고 말했어요.

진짜?

네.

저한테도 그랬어요.

저한테도요.

왜 그런 말을 할까?

롤 때문에 그래요.

응?

롤을 하면서 저런 말 자주 써요.

준현이가 매일 하는 게임을 말하는 거야?

네.

준현아, 네가 매일 꾸준히 하는 게임에서 주로 하는 말 맞아?

네.

네가 하는 말이 너의 무엇을 나타낸다고 했지?

인격이요.

네가 선생님에게 "무슨 짓거리예요?"라고 말하고, 친구들에게 "자살해."라고 말하면 선생님과 친구들이 너를 어떻게 대하게 될까?

함부로 대할 것 같아요.

네가 게임을 멀리하길 바라는 이유가 이거야.

네?

네가 게임에서 자주 듣고 쓰는 말이 네 인격을 망가뜨리는 것 같아서. 그래도 열심히 게임할 거야?

아뇨.

약속할 거야?

네.

그래. 선생님은 준현이를 믿어. 모두 준현이를 믿지?

야동은 사랑이 아니야

다들 앉아 봐.

네.

어젯밤에 무슨 일 있었어?

…….

말할 수 없어?

네.

보면 안 되는 걸 본 거야?

네.

뭔데?

야동이요.

보고 싶었구나. 다 같이 본 거야?

네.

충격받았겠다. 놀랐지?

네.

아니요.

안 놀랐어?

네.

얘는 전에도 봤대요.

이제는 봐도 그냥 그렇구나.

네, 시시해요.

다른 사람은? 안 놀랐어?

놀랐어요.

놀랐겠지. 사람을 함부로 대하니까. 그렇지?

모르겠어요.

영상 속 사람들이 서로 사랑하는 것 같아?

모르겠어요.

그래. 서로 사랑하는지 알 수 없지? 그럼 서로 좋아하는 것
같아?

아뇨.

어떻게 알아?

보면 알아요.

그럼 사랑일까, 아닐까?

아니에요.

그래. 상대를 존중하지 않는다면 어떤 경우에도 폭력이야.
혹시 사랑해 본 적 있는 사람?

저요.

야, 너 카톡 주고받은 게 사랑이냐?

그러게.

왜, 사랑일 수 있지. 누구를 좋아한 거잖아. 아니야?

맞아요. 좋아했어요.

만난 적은 없어?

네.

그렇구나. 그럼 직접 만나서 사귀어 본 사람은 없네?

네.

아까 안 놀랐다는 사람이 누구지?

저요.

네가 먼저 보고 친구들한테 보여 준 거야?

네…….

놀라지도 않는데 왜 또 봤어?

…….

아무 생각 없이 또 보게 되었지?

네.

봐도 이제 아무렇지 않지?

네.

다른 친구들은 놀라는데 너는 아무렇지도 않네. 그렇지?

네.

그거야, 중독이.

네.

야동은 사랑이 아니라는 걸 넌 모르잖아.

네?

아까 저 친구가 카톡으로 누군가를 사귄 적 있다고 했지?

네.

카톡을 얼마나 주고받았어?

한 달이요.

한 달이 되어도 못 만났네?

네.

만나서 서로 무엇을 좋아하는지, 싫어하는지 알려면 얼마나
걸릴까? 하루? 일주일? 한 달?

한 달은 더 걸릴걸요?

그렇지? 사랑은 그런 거야. 조금씩 천천히 상대를 알아 가는
거. 무엇을 좋아하고 무엇을 싫어하는지 알면 같이 있을 때
상대를 위해 무엇을 할 수 있을까?

배려요?

맞아. 상대를 배려하고 존중할 수 있지. 근데 그게 야동에는
나와, 안 나와?

안 나와요.

그래. 그래서 선생님은 너희가 야동이 아니라 사랑을 제대로
배웠으면 좋겠어. 그래야 사람을 배려하고 존중하는 진짜
사랑을 하게 될 테니까.

아이들은 휴대폰보다 사람을 좋아한다

　초등학교 입학생들의 1학기를 떠올려 보자. 낯선 공간에서 낯선 생활이 시작된다. 바닥이 아닌 의자에 앉아야 하고, 40분 수업과 10분 휴식이 반복된다. 이뿐인가? 곳곳에서 자신보다 두 배는 커 보이는 고학년 선배들이 나타났다 사라지기를 반복한다. 1학년과 6학년은 서로 다른 발달 과정을 거친다. 그들의 인지·정서·신체 발달 차이는 유치원은 물론 중등학교에 비할 바가 아니다. 1학년 아이와 6학년 아이가 마주 앉아 이야기를 나눈다면, 서로를 얼마나 이해할 수 있을까?

　교사는 이렇게 각기 다른 아이들의 말을 이해해야 하는 사람이다. 다양한 스펙트럼의 사람이 모여 공부하는 공간, 그곳이 초등학교다. 더구나 아이들은 자기 의지와 상관없이 학교로 보내졌다. 의무교육이기 때문이다. '의무'라는 말은 강제성을 포함한다. 강제로 가야 하는 곳, 내 의지와 상관없이 가야 하는 곳. 받아들이기 힘들다. 왜 자신들이 학교에 와야 하는지조차 아무도 이야기해 주지 않는다. 까닭을 이해하지 못한 채 발을 들여놓은 곳에서 만나는 사람이 바로 교사다. 가족도 아니고, 친구도 아닌 사람. 그 사람이 내가 하는 말과 행동을 지적한다. 당연히 좋아하기 어렵다.

쭉 뻗은 길에 아무도 없다. 뛰고 싶다. 달린다. 갑자기 등장하는 낯선 타인이 말한다.

"복도에서 뛰면 안 돼. 뛰다가 친구랑 부딪치면 크게 다치거든."

나는 다치지 않았는데 왜 다친다고 말할까? 아이는 자기 경험에 근거하여 이해한다. 복도에서 뛰다가 크게 다쳐 본 경험이 없는 아이에게 복도에서 뛰지 말라는 교사의 생활지도는 받아들이기 힘든 지시인 셈이다.

이 시기 아이들의 뉴런 간 연결 시냅스는 억제성이 아니라 대부분 흥분성이라고 한다.[1] 행위를 멈추기보다 지속할 가능성이 큰 셈이다. 따라서 교사의 잔소리는 반복되어야 한다. 행동이 수

· · · · ·
1 『10대의 뇌』, 프랜시스 젠슨·에이미 엘리스 넛 지음, 김성훈 옮김, 웅진지식하우스, 2019

정되려면 어떻게 해야 할까? 새로운 연결망이 만들어져야 한다. 천천히 걷는 연습이 필요한 것이다. 그럼 어떻게 해야 복도에서 천천히 걷게 될까?

"복도에서 뛰면 안 돼!"라고 말하는 것과 "복도에서 천천히 다닐 수 있니?"라고 묻는 것 중 어느 쪽이 아이의 자율성과 유능성을 존중하는 말일까? 당연히 후자가 아닐까. 아이 스스로 잘할 수 있을 거라 믿고 기대하는 말이다. 학교에서 만나는 낯선 타인이 자신을 존중하는 태도로 말을 건다면, 아이들은 어떤 태도를 배우게 될까?

동물학자들이 어린 새를 대상으로 어떤 실험을 했다. 어미 새의 울음소리를 들려주고 따라 하게 하자 어린 새는 울지 않았다. 이후 어린 새가 있는 새장에 어미 새를 넣어 주자 어린 새는 어미 새의 울음소리를 듣고 따라 울기 시작했다. 생명은 생명에 반응하는 것이다. 심리학자이자 영장류 연구자인 해리 할로(Harry Harlow)는 접촉 실험이라는 것을 했다. 어미에게서 떨어뜨려 놓은 새끼 원숭이 곁에 젖병을 끼운 철사 원숭이 모형과 부드러운 천을 씌운 원숭이 모형을 놓았다. 새끼 원숭이는 부드러운 천을 씌운 원숭이 모형에게 주로 다가갔다.

아이들은 휴대폰보다 사람을 좋아한다. 그런데도 아이들이 사람을 멀리하는 것처럼 보이는 이유는 무엇일까? 거부당한 경험 때문이다. 누구도 내 이야기에 귀 기울이지 않는다는 오랜 경험이 화석처럼 단단하게 굳어 버렸기 때문이다. 기초학력, 학교폭력과 같은 문제를 대할 때마다 늘 이 점을 생각한다. 이 모든 문제는 사람과 사람 사이의 대화가 없는 데서 비롯한 게 아닐까? 자신이 원해서 온 곳이 아닌 학교라는 공간, 미성숙한 자신의 말과 행동을 지적하는 타인, 이해할 수 없는 상황에 대해 누구도 공감해 주지 않는다.

나의 생각과 감정에 귀 기울이는 타인이 없다는 것은 타인의 생각과 감정에 귀 기울이는 의미와 방법을 알지 못한다는 증거이기도 하다. 이들에게 공감은 무엇이고, 경청은 무엇일까? 경험해 보지 못한 일을 실천하라고 말하는 것이 과연 타당한가?

3.

처음
세상 앞에 선
너에게

부자 되는 법

부자 되고 싶은 사람?

저요~!

저요~!

선생님도 부자가 되고 싶었는데 부자가 되었어. 어떻게 부자가 되었는지 알려 줄까?

네~!

네~!

부자는 선물을 많이 줄 수 있는 사람이겠지? 제일 비싼 선물 해 본 사람?

아빠 구두요!

엄마가 좋아하는 치킨이요!

혹시 너희가 받은 선물 중에 기억나는 선물이 있어?

저는 가족 여행이요! 5년 만에 처음으로 가족끼리 1박 2일로 여행 갔다 왔어요.

같은 꿈을 꾸는 사람

꿈이 있는 사람?

저요.

저요!

저요!

그래. 네 꿈은 뭐니?

유튜버요.

그렇구나. 또 다른 사람은?

가수요.

또?

없어요.

없어?

네.

되고 싶은 거 말고 바라는 거 없어?

네?

직업 말고 너희가 바라는 거.

학원 안 가는 거요.

숙제 없는 거요.

또?

친구들이랑 놀러 가는 거요.

나도!

나도 가고 싶어.

너희끼리 놀러 가고 싶어?

네!

가면 되잖아.

안 돼요.

왜?

부모님이 안 된대요.

왜?

애들끼리 가면 위험하대요.

왜?

나쁜 사람들이 많다고요.

그래서 저희 엄마는 학교 끝나고 친구들이랑도 못 놀게 해요.

싫겠다.

완전 싫어요.

그럼 안전하면 가도 되겠네?

네, 그럼요.

그게 너희 장래 희망이구나.

네?

친구랑 자유롭게 노는 거. 그게 너희 꿈 아니야?

맞아요.

아인슈타인 아는 사람?

저요.

아인슈타인도 너희랑 장래 희망이 같았어.

네?

아인슈타인도 친구들이랑 안전하게 여행 다니기를 바랐거든. 그러니까 너희의 장래 희망은 아인슈타인급이지. 선생님의 장래 희망도 너희랑 같아. 친구들이랑 마음껏 자유롭게 노는 거. 그래서 우린 동지야.

동지가 뭐예요?

같은 꿈을 꾸는 사람. 너희랑 나랑 같은 꿈을 꾸니까 우리는 동지인 거야. 우리 꼭 꿈을 이루자.

나의 주인답게 사는 법

삶을 다른 말로 뭐라고 할까?

인생이요.

우아, 또?

지금이요.

지금? '지금'은 뭘 나타내는 말이야?

시간이요.

그래. 너희 말대로 삶은 인생이고, 시간이라고 할 수 있지.

선생님에게 하루는 몇 시간일까?

스물네 시간이요.

너희에게는 하루가 몇 시간이야?

스물네 시간이요.

똑같네? 그럼 오늘 아침부터 지금까지 무엇을 했는지 하나씩

이야기해 볼까?

일어나서 씻었어요.

아침밥 먹었어요.

학교에 왔어요.

또?

친구랑 이야기했어요.

또?

수업했어요.

또?

없는데요.

선생님 몸은 누구의 것일까?

선생님 거요.

선생님 몸을 최대한 건강하게 만들려면 어떻게 해야 할까?

관리해야죠.

어떻게?

밥을 골고루 먹고, 운동을 매일 해야죠.

잠도 잘 자야 해요.

그래. 그래서 오늘 아침밥을 먹고, 스쿼트 210개를 하고,
팔굽혀펴기 175개를 하고, 책을 52쪽 읽으며 출근했어.
오자마자 창문과 교실 문을 열어 환기를 시키고, 바닥에
떨어진 쓰레기를 치우고, 책상을 정리하고, 수업 자료를
준비했어. 어때? 선생님이 주인답게 사는 것 같아?

네.

도덕 1단원 제목을 다 같이 읽어 볼까?

내 삶의 주인은 바로 나!

그래. 너희 삶의 주인은 바로 너희야. 너희가 너희를 소중히
여겼으면 좋겠어. 밥도 잘 먹고, 잠도 잘 자고, 운동도 열심히
하고, 공부도 열심히 하고, 친구들과도 사이좋게 지내고.

그게 너희가 너희 스스로를 소중히 여기는 일이고, 너희 삶의 주인이 되는 일이라고 선생님은 생각해. 너희 생각은 어때?

식물이 들려주는 첫 번째 이야기

선생님, 이거 뭐예요?

뭘까?

허브 같아요.

왜?

냄새가 나요.

어떤 냄새?

좋은 냄새요.

열어 볼까?

네.

이게 뭘까?

장미허브요.

이건?

모르겠어요.

이건 라벤더야. 그럼 이건?

모르겠어요.

이건 로즈마리야.

이걸 왜 가져왔어요?

너희에게 주려고.

전 장미허브 주세요.

안 돼. 사다리 타기 순서대로 줄 거야.

왜요?

이 아이들의 운명을 보려고. 어떤 부모를 만나게 될지.

선생님, 제 건 불량품이에요.

네가 고른 거잖아.

네, 제가 좋아하는 장미허브예요.

그런데 어디가 불량이야?

잎이 조금 잘려 있어요.

우리 모두 이 상자에 무엇이 있는지 알고 있었을까?

아뇨.

이 상자의 어떤 아이가 내 것이 될지 알고 있었던 사람?

없어요.

내 아이가 되었는데 잎이 조금 잘렸다고 불량품이라고 말하며
바꿔 달라고 하는 것에 대해 어떻게 생각해?

나빠요.

그럼 안 돼요.

그래. 잎이 조금 잘려 있어도 오히려 더 잘 키워서 오래도록
향기 나는 아이가 되도록 돕는 것이 중요하겠지? 이제 너희가
허브에게 이름을 지어 주었으면 좋겠어. 너희 부모님도
너희가 태어나기 전부터 혹은 태어나고 나서 어떤 이름을 지어

줄까 많이 고민하셨거든. 우리도 이 아이들의 이름을 잘 지어
주자.

전 '모글리'로 할래요.

왜?

모글리는 정글에서도 살아남았잖아요.

그래. 네 아이도 이름처럼 꼭 살아남겠지? 자, 스물세 명의
아이들이 너희 집으로 가게 될 거야. 이산가족이 되는 거지.
장미허브, 라벤더, 로즈마리. 아마 서로 보고 싶어 할 거야.
그래서 한 달에 한 번 이산가족 만남의 날을 정하려고. 만나서
어떻게 지냈는지, 서로 얼마나 자랐는지 이야기 나누는 시간을
가지려고 해. 혹시 허브를 키워 본 사람?

저요. 세 번 키워 봤는데 다 죽었어요.

그럼 허브 키우는 법을 잘 아는 사람?

몰라요.

다들 처음이구나. 그래. 너희 부모님도 너희를 키우는 게
대부분 처음이셨어. 그래서 다른 사람들에게 물어보기도
하고, 책을 읽거나 강의를 들으며 공부하셨지. 왜 그랬을까?

잘 키우려고요.

그래. 너희도 허브를 잘 키우려면 배워야 해. 그렇다면 누가
전문가일까?

선생님이요.

선생님은 가르치는 전문가지, 식물 전문가는 아닌데? 누가

진짜 전문가일까?

꽃집 사장님이요.

그래, 그럼 가서 여쭤봐. 책도 보고, 인터넷으로 자료도 찾고.

저희 집에는 고양이가 있어서 안 돼요. 세 번을 키워 봤는데
고양이가 물어뜯어서 다 죽었어요.

벌써 죽을 거라고 확신하는 거야?

제가 잘 때 고양이가 죽이면 어떻게 해요?

생각해 봐야지. 집이 아니면 다른 어딘가를 찾아봐도 좋아. 네
아이가 살 수 있는 곳을.

아, 생각났어요.

그래? 다행이다. 잘 챙겨 줘. 그리고 아까 이 상자에서 뭐가
난다고 했지?

향기요.

어? 아까는 냄새라며? 지금은 왜 향기라고 말했어?

좋은 냄새라서요.

한 번 맡았으니 이제 싫지 않아?

아뇨. 또 맡고 싶어요.

그래. 또 맡고 싶은 냄새를 향기라고 하는구나. 자, 선생님이
칠판에 쓴 글자를 읽어 볼까?

화향백리, 인향만리.

지난번에 이야기한 적이 있을 거야. 무슨 뜻인지 기억하니?

'꽃의 향기는 백 리를 가고, 사람의 향기는 만 리를 간다.'요.

그래. 꽃의 향기가 40킬로미터까지 퍼진다면, 사람의 향기는
400킬로미터까지 퍼진다는 뜻이야. 그래서일까? 요즘 온
세상에 악취가 심하지?

네.

왜 악취가 날까?

사람들이 서로를 함부로 대해서요.

맞아. 사람을 함부로 대하는 말과 행동을 해서지. 말과 행동은
무엇을 드러낸다고 배웠지?

마음이요.

그래, 사람을 대하는 마음. 우리는 어떤 사람이 되어야 할까?
향기 나는 사람? 악취 나는 사람?

향기 나는 사람이요.

맞아. 너희가 향기 나는 사람이 되어서 우리나라에 악취가
사라지도록 만들었으면 해. 너희라는 아름다운 사람들의
향기가 우리나라에 가득했으면 좋겠어. 내년 1월 3일이
뭐 하는 날인지 아는 사람?

졸업식이요.

선생님의 꿈은 이 아이들이 그날까지 살아남아서 너희와
함께 졸업식을 맞이하는 거야. 그래서 이 꽃의 향기와 더불어
너희의 향기로 가득한 졸업식이 되었으면 좋겠어.

학교가 존재하는 가장 중요한 이유

　인간의 존엄성, 자유, 평등.

　민주주의를 지탱하는 세 가지 원칙이다. 이 중 가장 중요한 것은 인간의 존엄성이 아닌가 생각한다. 모든 인간은 존엄한가? 글쎄, 잘 모르겠다. 뉴스에서 버스 기사를 패는 청년, 이사 온 윗집 여성을 때리는 남성, 외할머니를 칼로 찔러 죽인 아이, 세월호 유가족에게 막말을 퍼부은 전직 국회의원 들의 모습을 볼 때 저들에게 '존엄'이라는 말이 어울리는가 되묻게 된다.

　자유와 평등. 인간으로서 자기를 실현할 자유와 타인의 '자기실현의 자유'를 침해하지 않으며 자기실현을 도모하기 위한 평등. 이것은 자동적 사고에 의존해서는 실현하기 어려운 원칙이다. 인간이 가진 갖가지 편향된 사고가 일으킨 차별에는 우리 무의식에 잠재하는 고정관념 위협[1]이 존재한다. 따라서 좁은 소견으로 타인을 이해하려는 자동적 사고에서 벗어나기 위해 필요한 것은 '다양한' 관점이다.

학교는 다양한 교과를 통해 인간과 사회를 이해하는 폭넓은 안목을 제공한다. 민주 시민으로서의 자질은 여기서 시작되는 것이 아닐까 생각한다. 안다고 해서 자질이 절로 갖추어질까? 글쎄. 모든 인간은 존엄하다고 말하면 모든 인간에게 존엄이 갖추어질까? 아닐 것이다. 존엄은 선언에서 시작되었으나 '증명'으로 끝나야 한다.

개개인이 자신이 가진 인간의 존엄성을 자기 삶으로 증명해야 한다. 인간으로서 어디까지 가치 있는 삶을 살 수 있는가. 어떻게 해야 가치 있는 삶을 살 수 있는가. 타인의 불행 위에 자신의 행복을 구축하는 사람들, 그들에게 인간의 존엄은 무엇이고 자유와 평등은 무엇일까? 그들은 민주주의를 실현하는 존재일까, 무너뜨리는 존재일까?

교육의 가장 중요한 목적은 이 질문들 속에 있지 않을까? 인

• • • • •

1 고정관념 위협(streotype threat): 1995년 미국 스탠퍼드 대학교의 사회심리학자 클로드 스틸이 흑인 학생들을 대상으로 한 실험에서 발견한 현상. 실험 참가자들이 특정 과제를 수행하기에 앞서 '흑인의 지능은 백인보다 열등하다.'는 고정관념을 부각시켰을 때 그렇지 않은 경우에 비해 결과가 현저하게 나빠졌음을 발견함

간으로서 자신의 존엄을 증명하는 법. 학교를 떠나서 평생 자기 인생의 존엄성을 증명해 가는 삶을 지속시키는 일. 이것은 무엇으로 어떻게 가르쳐야 할까? 다양한 친구와 함께 하루를 보내며 겪는 다양한 갈등과 오해를 해결해 나가는 과정 속에서 배우게 되지 않을까? 갈등과 오해는 어떻게 해결할까? 그것은 대화가 아닐까?

지시와 명령이 아닌 사람과 사람이 나누는 대화. 서로를 잘 모르기에 알고 싶다는 마음으로 나누는 대화. 대화를 통해 자신의 존엄을 증명하는 법을 배우고, 타인의 존엄을 지켜 가는 법을 익히는 것. 이것이 학교가 존재해야 하는 가장 중요한 이유다.

화는 참는 게 아니라 푸는 거야

아악!

왜? 무슨 일이야?

화가 나서
소리 질렀어요.

잘했다.

네?

잘했다고.
화를 참는 것보다
푸는 게 좋거든.

근데 그렇게 그렇게 소리 지르면
목 아프지 않아? 너희는 화가 나면
어떻게 풀어?

저는 자요!

매운 음식
먹어요!

휴대폰 게임
해요.

대충 했어요

다 했어요.

다 했어?

네.

아닌데.

다 했어요.

다시 해 봐.

어디요?

여기.

다 했잖아요.

그래?

네.

여기 봐.

네?

여기 정말 꼼꼼히 했지?

네.

그래서 여기는 정말 멋지게 그려진 것 같아. 그런데 여기는 어때?

대충 한 것 같아요.

그래. 그래서 다시 해 보라는 거야. 네가 더 열심히 할 수
있다는 것을 내가 아니까. 이게 너의 최선이 아니니까. 할 수
있지?

천천히 선 밖으로 넘어가지 않도록

선생님.

왜?

제가 수박(수학 박사)이 되었는데요. 애들이 저한테 안 물어봐요.

왜 안 물어볼까?

모르겠어요.

아까 피구할 때 공 맞았지.

네.

그때 선생님이 몇 번을 불렀는데 들은 척도 안 하고 갔지?

네.

친구들이 너를 보고 어떤 마음이 들었을까?

모르겠어요.

미술 시간에 친구들 그림을 봤니?

아니요.

그럼 뒤쪽 칠판에 붙은 다른 친구들 그림을 봐. 어때?

뭐가요?

네 그림이랑 다른 친구들 그림에 다른 점이 없어?

모르겠어요.

얼굴을 어떻게 색칠했는지 봐. 어때?

달라요.

네 그림은 어떤 색이야?

무지개색이요.

왜 무지개색으로 칠했을까?

빨리하려고요.

선생님이 빨리하자고 했어? 열심히 하자고 했어?

열심히요.

천천히 하는 거 힘들지?

네.

힘든 거 피하고 선생님 말을 무시하는 너를 친구들이 신뢰하고 좋아할까?

아뇨.

그래서 다시 그려 보라는 거야. 시간이 더 걸려도 돼. 천천히 선 밖으로 넘어가지 않도록 다시 칠해 봐. 이 정도 힘든 일쯤은 가뿐히 해내는 수민이었으면 좋겠다. 그럼 친구들과도 조금은 더 가까워지지 않을까?

내가 너랑 같이 넘을 거니까

하기 싫은 사람?

저요!

정말 안 할 거야?

네.

그래, 알았어.

아싸!

승주야, 다들 할 때 안 하니까 편했니?

네.

자신의 성장에 도움 되는 일을 거리끼는 것, 그걸 뭐라고 했지?

장애물요.

그래. 눈에 보이지 않는 우리 마음속의 장애물. 그것이 승주

너에게만 있을까?

아뇨.

하기 싫었던 사람?

저요.

저요.

저도요.

어때. 다른 친구들도 마음속에 너와 같은 장애물을 가지고
있어. 그렇지?

네.

근데 누구는 그 장애물을 뛰어넘고, 너는 그 앞에서 멈추었지.

네.

오늘 이후로 네가 멈추는 일은 없을 거야.

네?

내가 너랑 같이 넘을 거니까. 더 이상 그 앞에서 멈추게 내버려
두지 않을 거야. 그게 너를 성장시키는 일이니까.

같은 마음 높이에서 시작된다

아기와 대화하기 위해 사람들이 제일 먼저 하는 일이 무엇일까? 눈을 맞추는 일이다. 같은 눈높이에 있을 때 우리는 서로 반응한다. 대화의 시작은 같은 눈높이와 같은 마음 높이에서 시작한다. 나와 동등한 인격체라는 태도, 어린아이에게조차 배우려는 태도. 그 유연하고 개방적인 사고방식이야말로 대화의 필요조건이 아닐까?

누구에게나 인생은 매 순간이 처음이자 마지막이다. 따라서 서툴고 모자란 일투성이다. 실수를 줄이기 위해 아이들은 부모에게 전적으로 의존한다. 부모의 말과 행동에 귀 기울인다. 끊임없이 부모와 눈을 맞추려고 애쓴다. 그렇게 대화의 기본을 몸으로 배워 간다.

부모는 완벽할까? 아니 인간은 완벽한가? 삶의 모든 순간이 처음이자 마지막이라면 완벽 따위 있을 리 없지 않은가. 따라서 어떤 태도가 필요한가? 배우려는 태도가 필요하지 않을까? 누구에게나 어디에서나 언제나 배우려는 삶의 태도를 잃지 않는 것이 중요하지 않을까?

사람은 누구나 스스로 하고 싶어 하고, 잘하고 싶어 하고, 타인과 좋은 관계를 맺고 싶어 한다. 나는 그 증거를 아이들을 통해 매일 목격한다. 시험을 치르고 답을 맞추다 보면 틀린 문제를 확인하게 된다. 시험은 내가 무엇을 아는지, 무엇을 모르는지 확인하기 위해 보는 것이다. 다시 말해 부족한 점을 확인하고 이를 보충하기 위해 통과하는 관문이다.

하지만 아이들은 자신의 틀린 문제를 감춘다. 남에게 보여 주지 않는다. 왜 그럴까? 잘하는 사람으로 보이고 싶기 때문이다. 자신의 유능함을 인정받고 싶기 때문이다. 하지만 감춘다고 잘할 수 있을까? 많은 교사가 학생들에게 『틀려도 괜찮아』라는 책을 읽어 주고, 그 문장을 교실에 급훈처럼 붙여 두는 이유가 여기에 있다.

자신의 부족함을 수용할 줄 아는 태도. 그 태도가 배우려는 태도의 가장 밑바탕이 된다는 사실을 알고 있기 때문이다. 누구나 실수할 수 있다. 누구나 모를 수 있다. 중요한 것은 더 이상 실수하지 않으려는 마음가짐과 배우려는 노력이다. 어떻게 하면 스스로 노력하도록 이끌 수 있을까? 잘하고 싶어 하는 마음을 읽어 주는 데서 출발해야 하지 않을까?

아이들이 거짓말을 하는 때도 많다. 남의 물건에 손대기도 하고, 장난을 쳐서 친구를 불쾌하게 만들기도 한다. 잘못을 뻔히 알고 있음에도 거짓말한다. 도대체 왜 거짓말을 할까? 타인을 고통스럽게 만들고 자신의 즐거움을 추구한 행동이 잘못이라는 사실을 알기 때문이다. 남의 불행 위에 자기 행복을 쌓아 올리는 행동이 타인과의 관계를 망친다는 것을 느꼈기 때문이다. 다시 말해 좋은 사람으로 보이고 싶기 때문이다.

신체적·정신적 어려움을 겪는 아이들을 통해 알게 된 것이 한 가지 있다. 아이들은 자기 스스로 하기를 좋아한다는 사실이다. 알기 전에 알려 주고, 하기 전에 대신 해 주면 싫어한다. 스스로 무언가를 해냈다는 느낌, 그 경험이 아이들을 움직이게 한다. 물론 처음부터 스스로 하는 아이는 없다. 스스로 해낼 기회를 주지 않고 돕기만 한다면, 혼자 할 수 있는 일조차 의존하게 되기 쉽다. 불편함이 자립의 발목을 잡는 것이 아니라 의존이 자립을 방해하게 되는 셈이다.

그래서 아이를 관찰해야 한다. 스스로 할 수 있는 일이 무엇인지 살펴보고, 기회를 주고, 기다려야 한다. 그 모든 과정에 '대화'가 필요하다. 지켜보고, 묻고, 들어 보아야 알 수 있다. 단번에 알 수 있을까? 아니, 단 한 번의 대화로 마음을 열고 대화할 수 있을까? 불가능하다. 시도하고 또 시도해야 알 수 있다. 의존적인 태도가 주는 안락한 소파에서 일어나 스스로 일어서 걷는 일이 얼마나 힘든지 우리는 모두 알고 있다. 타인에게 기대어 살기보다 자기 힘으로 살고 싶어 한다는 믿음을 의심하게 되는 일이 너무 많으니까.

피그말리온, 조각상마저 사람으로 변화시킨 믿음. 사람은 누구나 자기실현 경향성이 있다는 사실을 믿기란, 조각상이 사람이 된다는 신화를 믿는 일처럼 힘든 게 아닐까? 그 불신의 높은 벽을 두드리는 일이 대화다. 자신도 믿지 못하는 자기실현 경향성을 일깨우는 일이 바로 '대화'다.

생각하는 게 중요해?
빨리 반응하는 게 중요해?

게임을 잘하려면 뭐가 필요해?

빠른 컴퓨터요!

휴대폰이요.

게임을 잘하려면 오래 생각하는 게 중요한 거야? 빨리 반응하는 게 중요한 거야?

빨리 반응하는 거요! 그래서 비싼 게임용 마우스도 사요~!

책을 읽을 때는 생각이 중요할까? 반응이 중요할까?

생각이요.

한 가지 보여 줄 문장이 있어.

"우리는 숱한 실수를 할 수 있다. 그러나 다른 사람에게 책임을 돌리기 전에는 실패자가 아니다."

무슨 말이에요?

내일도 할 수 있는 효도가 뭘까?

오늘이 무슨 날이야?

어버이날이요.

어버이날은 뭐 하는 날이야?

효도하는 날이요.

오늘 효도했어?

네.

어떻게 효도했어?

카네이션 달아 드렸어요.

카드 써서 드렸어요.

기뻐하셨겠다.

네.

또 효도하는 법은 없을까?

저는 케이크 사 드렸어요.

정말 좋아하셨겠다. 그렇지?

네!

내일은 어떻게 효도할 거야?

네?

내일은 효도 안 해?

아뇨, 해야죠.

내일도 할 수 있는 효도가 뭘까?

공부 열심히 하는 거요.

그보다 더 중요한 것이 있어.

동생이랑 사이좋게 지내는 거요.

그것도 좋은데 더 중요한 게 있어.

게임을 너무 많이 하지 않는 거요.

그것도 정말 좋은데 더 중요한 게 있어.

뭔데요?

너희가 안 다치고 안 아픈 거.

아…….

**그래서 잘 씻고, 잘 자고, 잘 먹고, 운동하기 전에는 반드시
준비체조를 하고, 선생님이 가르쳐 준 순환 운동도 꾸준히
해야 해. 앉을 때도 어떻게 앉아야 해?**

허리 펴고요.

**그래. 엉덩이를 의자 뒤로 쭉 밀고 허리를 곧게 세우고 앉아야
무릎, 허리, 목이 건강하다고 했지? 이걸 다 지키려면 쉬울까,
어려울까?**

어려워요.

**그래. 그래서 효도가 어려운 거야. 그래도 선생님은 너희가
어려운 것을 차근차근 해내는 사람이기를 바라.**

걸으면 좋은 점

차 타고 등교하는 사람?

저요.

저요.

저요.

집에서 학교까지 얼마나 걸려?

15분이요.

이야, 멀다. 난 5분 걸리는데.

난 20분 걸리는데.

넌 놀다 오잖아.

아니야.

그래, 그만. 근데 왜 차를 타고 와?

엄마가 회사 가는 길이라고 태워 줘요.

그렇구나. 좋겠다.

네.

선생님은 차가 있을까, 없을까?

있어요.

어떻게 알았어?

지난번에 차 끌고 오시는 거 봤어요.

그래, 있어. 근데 왜 차를 안 타고 다닐까?

차가 고장 나서요.

걸어 다니는 게 건강에 좋아서요.

그래, 건강에 좋아서. 햇볕을 쐬어야 잠을 잘 자고, 걸어야 피로 회복이 잘되거든.

왜요?

오르막길 오르는 게 힘들어? 평평한 길 걷는 게 힘들어?

오르막길이요.

오르막길을 오를 땐 숨이 차지?

네.

숨이 차다는 건 호흡을 많이 한다는 거야? 적게 한다는 거야?

많이 한다는 거요.

호흡을 많이 하면 몸에 산소가 많이 들어갈까? 이산화탄소가 많이 들어갈까?

산소요.

그렇지. 몸에 산소가 충분히 들어올수록 피로가 빨리 풀려. 햇볕을 받으면 왜 잠이 잘 올까?

따듯해서?

햇볕은 잠이 잘 오게 만드는 멜라토닌이란 호르몬이 잘 분비되게 도와준대. 잠을 잘 자면 뭐가 좋을까?

키가 잘 커요.

또?

안 피곤해요.

또?

또 있어요?

야식을 줄이게 된단다. 또 있는데.

뭐요?

기억력이 좋아져.

진짜요?

그럼. 아까 숨이 차면 몸에 뭐가 많이 들어간다고 했어?

산소요.

그렇지. 뇌에 산소가 많이 들어가서 기억력을 높이는 '해마'라는 게 좋아지거든. 걸으면 또 좋은 점이 있는데.

뭐요?

친구랑 이야기하면서 올 수 있지.

에이~.

부모님 차 타고 오는 게 너희에게 도움이 될까? 친구랑 같이 걸어오는 게 도움이 될까? 너희 생각은 어때?

식물이 들려주는 두 번째 이야기

다 같이 불러 볼까?

산에 피어도 꽃이고 들에 피어도 꽃이고 길가에 피어도
꽃이고 모두 다 꽃이야. 아무 데나 피어도 생긴 대로 피어도
이름 없이 피어도 모두 다 꽃이야. 봄에 피어도 꽃이고
여름에 피어도 꽃이고 몰래 피어도 꽃이고 모두 다 꽃이야.
아무 데나 피어도 생긴 대로 피어도 이름 없이 피어도 모두
다 꽃이야.

(ㄱㅇㄱ, ㄱㅇㄴ를 칠판에 쓰며) 이게 뭘 뜻할까?

기웅기? 김연나?

개인 ㄱ, 개인 ㄴ

개인 간 비교, 개인 내 비교요.

그렇지. 방금 부른 노래는 무슨 비교일까?

개인 내 비교요.

다른 꽃이랑 비교하라는 거야?

아뇨. 그럴 필요 없다는 거예요.

그래. 노래에서 말하는 꽃은 무엇을 빗대어 표현한 것일까?

사람이요.

맞아, 너희야. 다른 꽃이랑 비교하지 않아도 된다고. 그래도

괜찮다는 뜻이야. 지난번에 나누어 준 화분 다 가져왔니?

네.

이름 다 지었지?

네.

그럼 자기 허브의 이름이랑 뜻을 설명해 볼까?

버블이요. 비누 거품처럼 천천히 커지면서 잘 자라라고요.

파릇이요. 파릇파릇하게 잘 자라라고요.

노밴드요. 밴드가 필요 없는, 건강한 인생을 살라고요.

모글리요. 정글처럼 울창하게 잘 자라라고요.

상처요. 상처도 이겨 내며 자라라고요.

그럼 키우면서 힘들었던 점을 이야기해 볼까?

귀찮아요.

뿌리가 썩었어요.

물을 언제 주어야 할지 모르겠어요.

잎이 떨어져 보기에 안 좋아요.

물 줄 타이밍을 못 맞추겠어요.

물을 줘도 자라는지 모르겠어요.

공통점이 있다. 그렇지?

네.

이름을 보니까 뭘 알 수 있어?

잘 자라길 바라는 마음을 알 수 있어요.

그렇지. 허브가 빨리 죽기를 바라는 사람은 한 명도 없지?

네.

너희 부모님도 같은 마음이야. 모두 너희가 잘 자라기를 바라시잖아. 그럼 식물을 키우면서 좋았던 점은 뭐가 있지?

향기가 나요.

보기 좋아요.

미래가 기대돼요.

생명력이 강해요.

너희도 그래. 매일 노력하는 모습이 보기 좋아. 그래서 미래가 기대돼. 매일 주어진 힘든 과제를 어느새 이만큼 해낸 걸 보니, 너희의 생명력도 강해졌을 거야. 그렇지?

네.

아까 키우면서 힘들었던 점을 물었을 때 귀찮거나 물을 주어도 잘 자라는지 모르겠다고 했지? 계속 걱정된다고.

네.

너희 부모님이 너희를 늘 신경 쓰고 걱정하시듯이 너희도 허브를 걱정하는 거네.

네.

뿌리가 썩은 건 어떻게 알았어?

화분을 들춰 봐서 알았어요.

뿌리까지 살펴봤구나.

네.

아까 지영이가 허브 이름을 뭐라고 지었지?

상처요.

왜?

상처를 이겨 내며 자라라고요.

상처를 이겨 내도록 하려면 어떻게 해야 해?

잘 돌봐야 해요.

무엇을 봐 주어야 할까?

마음이요.

그래. 화분도 눈에 보이지 않는 뿌리를 보아야 하듯이, 사람도 눈에 잘 안 보이는 마음을 봐 주어야 잘 자라겠지?

네.

그럼 혹시 허브가 어제보다 오늘 얼마나 자랐는지 아는 사람?

몰라요.

너희가 매일 하는 게 무엇이 있지?

글똥누기요.

C&C요.

영어 단어 5개 외우기요.

시 외우기요.

그렇지. 어느새 65개의 영어 단어를 외웠고, 시를 두 편째 외우고 있고, 어떤 사람은 스티커를 81장이나 붙였어. 한 달이 지나니까 너희가 얼마나 노력했는지, 잘 자랐는지 알 수 있겠지?

네.

그래, 그래서 지켜봐야 해. 보여 줄 글귀가 있어. 읽어 볼래?

아플수록 꽃이 핀다. 병이 깊은 나무일수록 더 많은 꽃을 피운다.

나무도 병에 지지 않으려고 할수록 더욱 아름다워져. 아까 지영이의 허브 이름이 뭐였더라?

상처요.

그래. 상처 따위에 지지 말라고 이 나무가 말하는 거야. 그래야 나무처럼 너희도 너희답게 마음껏 꽃을 피울 테니까.

그래서 오늘도 아이들에게 묻는다

양육도 교육도 '독립'이 목적이다. 부모나 교사 없이 홀로 살아갈 수 있는 힘을 기르는 것이다. 그래서 발달과제라는 것이 있고 시기별로 성취해야 할 목표가 있는 것이다. 성인이 된 이후 60년 이상 건강한 성인이자 민주 시민으로서 개인의 성장을 위해 노력할 수 있는 힘을 기르는 것, 그것이 양육과 교육이 필요한 이유가 아닐까.

부모나 교사가 없다면 아이는 스스로 생각하고, 판단하고, 행동해야 한다. 따라서 자율성은 스스로 생각하고 판단하는 기회를 통해 길러야 한다. 그래야 유능성을 경험하고 타인에 대한 신뢰라는 관계성이 자리를 잡는다. 결국 아이가 할 수 있는 범위 안에서 스스로 해 보도록 기회를 주어야 하는 것이다.

부부도, 친구도, 그 어떤 관계도 마찬가지 아닐까 생각한다. 서로가 홀로 선 개인이 될 수 있도록 상대의 이야기에 귀 기울이고, 서로의 꿈을 응원하고, 함께 성장해 나가는 관계를 만들어야 한다. 그것이 건강한 관계다.

그래서 오늘도 아이들에게 묻는다. "너의 생각은 어때?"라고.

무릎과 무릎을 맞대고 꾸는 꿈

"요즘 애들 왜 그런지 모르겠어요."라는 말을 참 많이 듣습니다. 사실 저도 잘 모릅니다. 안다고 생각했는데 모르는 게 정말 많더라고요. 그래서 물어보았습니다. 이해하고 싶었거든요. 대화하다 보니 아이들은 이미 답을 알고 있더라고요. 아는 대로 할 수 있냐고 물었습니다. 아이들은 하나같이 할 수 있다고 답합니다. 선생님이 시키는 말을 따르기보다 스스로 다짐하고 실천하는 것이 자신을 증명하는 길일 테니까요. 저도 남의 말대로 살기 싫은데 아이들도 같겠죠.

아이들과 나눈 대화를 기록해 두고 싶었습니다. 제가 하는 방식이 옳은지, 적절한지 자신할 수 없었거든요. 그래서 틈나는 대로 아이들과 나눈 대화를 페이스북에 올렸습니다. 많은 분이 저와 아이들의 대화를 눈여겨봐 주시고 또 다른 대화를 듣고 싶어 하셨습니다.

제가 학생들을 대하는 태도는 제 자식들을 대하는 태도와 다르지 않습니다. 따라서 이 대화는 제 양육 태도를 점검하는 일이기도 합니다. 사실 더 정확히는 제 대화 방식이기도 합니다. 대화법을 배운 적이 없는 저로서는 일종의 모험입니다.

교사가 수업을 공개하는 마음, 상담자가 슈퍼비전을 받는 마음으로 글을 올렸습니다. 상담 슈퍼비전을 받으며 늘 호되게 깨졌습니다. 축어록을 통해 드러난 제 모습은 상담사가 아닌 교사에 가까웠기 때문입니다. 이 책에 담긴 대화도 역시 교사와 학생의 대화입니다. 오래된 습관이 얼마나 무서운지 다시금 확인하게 됩니다.

표현(表現), 겉으로 드러낸다는 말입니다. 자기 생각과 감정 혹은 느낌을 다르게 살아온 타인이 이해할 수 있는 말로 드러내는 일이 대화입니다. 또 타인이 하는 말을 잘 듣고 이해하는 일이 대화입니다. 대화에는 언어와 비언어가 오고 갑니다. 아이들이 커 갈수록 어떤 말을 하느냐보다 어떤 태도로 대하느냐가 더 중요해집니다. 사람은 누구나 자신을 알아주는 사람을 좋아하고 따르기 마련입니다. 아이들과 대화하면서 늘 염두에 두는 두

단어가 있습니다. 바로 동지(同志)와 동행(同行)입니다.

누구나 그렇듯이 아이들도 무엇이든 스스로 하고 싶어 합니다. 또 무엇이든 잘하고 싶어 하고, 모두와 사이좋게 지내고 싶어 합니다. 제 꿈은 아이들이 언제 어디를 다니든 안심할 수 있는 세상을 만드는 일입니다. 이건 저의 꿈이자 아이들의 꿈이기도 하고, 모든 부모님의 꿈이기도 할 것입니다. 이 꿈을 이루려면 아이들이 믿을 수 있는 사람으로 성장해야 합니다. 신뢰할 수 있는 사람과 건강한 우정을 경험하는 사람이 늘어날수록 우리가 꾸는 꿈은 현실이 될 테고요. 사람은 사람에 의해 변한다는 사실을 많은 상담 이론과 심리학 이론이 증명하고 있으니까요.

사람이 사람을 변화시키는 일은 무릎과 무릎을 맞댄 일대일의 대화뿐이라고, 제 스승에게 배웠습니다. 제 앞에 앉아 있는 한 아이, 아니 한 사람과 동등한 인격체로서 마음과 마음을 나누며 진심 어린 대화를 이어 간다면, 제 꿈을 아이들과 함께 꾸며 대화해 간다면, 그 꿈이 이뤄질 날도 올 것이라 믿습니다.

이 책이 우리의 꿈을 이루는 데 조금이라도 도움이 되기를 마음을 다해 기원하고 실천해 가겠습니다. 고맙습니다.